JN042295

講談社選書メチエ
729

笑いの哲学

木村 覚

MÉTIER

はじめに

私たちは笑って良いのか。それとも、笑ってはいけないのか。

笑いをめぐる状況がとても複雑になっている。そう感じるのは筆者だけではないだろう。笑いがひきつり笑いになってしまったり、「あ、これは笑ってはいけないやつだ」と口を真一文字に結ぶ準備をしたり、あのひと笑っているけど今どきこれで笑えないよなと思ったり、無邪気に笑えることばかりではなく、笑いたい気持ちが屈折しながらしぼんでいく状態を、私たちは毎日のように味わっている。ゆえに、こうした疑問も自ずと浮かんできてしまう。

笑いは良いものなのか。それとも、悪いものなのか。

残念ながら、本書はこの問いにわかりやすい解答を与えることはない。安易に良いか悪いかを決める二者択一を極力避けながら、私たちが笑いをめぐってどのような状況を生きているのかを、できるだけその細部や複雑さをつぶさに見つめながら反省したい。その上でより良く生きるための処方箋を探してみたい。

その際本書は、笑いという現象を解く唯一の原理がどこかに隠れておりそれを発掘するという立場をとらない。これまでの哲学史の中で試みられた笑いの研究を振り返ると、いくつかの理論が浮かび上がってくる。ただし、それらの優劣を問うたり、それらのうちでもっとも有力な正しい理論を決めたりもしない。笑いという現象は多様であり、それぞれが独特の状況や人間関係の中から生まれたものである。誰が、誰と、どこで、どんなときにといった細部を無視して、包括的な議論を展開しても実りは多くないだろう。

そう言いつつ、あえて包括的な笑いの定義を一旦ここに置いてみよう。

笑いとは平穏な日常の破裂である

笑いとはしばしば驚きをともなう。程度の差こそあれ、平穏な日常のバランスが崩れたときに笑いは現れる。美しいものも、感動的な崇高さも、平穏で平凡な日常とは一線を画す、際立った何かである。笑いもまた平穏な日常からずれたところで現れる。その際、美しさや崇高さとは異なり、突然起こった日常の破裂で私たちは一瞬前後不覚になる。それがおかしいのか、つまらないのか、悲しいのか、ムカつくのか、にわかにはわからない。ただ体だけが反応している。そしてそこでは、誰かは笑っているが、別の誰かは笑っていないということも起こる。誰かが笑っている一方で、別の誰かは泣いている、ということが起きたり、誰かが笑っている一方で、別の誰かは「どこがおかしいの？」と思いながら周囲に合わせて微笑を浮かべている、ということも起きたりする。そこが笑って良いときと場合かどうかも重要である。状況やひとが変われば、笑えるか否かも変わる。

要するに笑いとは生ものである。その平穏な日常の破裂は「笑う者」と「笑われる者」の二者あるいは「笑わせる者」も含めた三者が織りなすその都度の関係性の中で発生する。当たり前だが、それらが単独で笑いに関わることはない。二者ないし三者がその場で生み出す微妙なバランスを読み取りながら、本書は編まれてゆく。

本書では笑いを、とくに次の三つの観点から考察してゆく。

〈笑いを哲学的に考える〉
〈日本のお笑いを例にして笑いを考える〉
〈笑いをめぐる日本社会のありようを考える〉

一つ目は、筆者の専門とする西洋哲学の歴史から笑いを考える端緒を得ることである。ゆえに本書は、網羅的とは言い難いとしても、西洋哲学が蓄えてきた笑い論を広く紹介するという側面を持っている。二つ目は、一つ目の知見を生かしながら、比較的最近の日本のお笑いを取り上げて笑いを具体的に考えてゆくことである。ただし、最新のお笑いを逐一フォローしているわけではない。「古い」と思われるネタや事象も取り上げている。できることならば、西洋哲学に手がかりを得ながら、通り過ぎていったお笑いの出来事にあらためて目を向けることで、日本のお笑いの特徴や傾向を明らかにしたいという意図がある。そして、三つ目は、二つ目とも関わりながら、しかし、お笑いに限らず広く日本社会を取り巻く笑いの状況を考えることである。読者のみなさんの興味の入口が、哲学であっても、お笑いであっても、日本社会の現状であっても構わない。自由に、気になるところから読んでいただければと望んでいる。その上で申し添えておきたいのだが、この三つの異なる歯車のどれか一つでも欠けてしまうと見えてこない何かを、本書は捉えたいと考えている。それぞれの歯車が他の歯車とうまく噛み合いながら議論が展開されることで、はじめて見えてくる笑いの力を明らかにすることが、本書の狙いである。

先取りして言ってしまえば、本書は、私たちが「掟」というものとどう付き合っていくのかをめぐる読み物である。「掟」とは、それが効力を発揮する社会の内側に暮らす人間にとって従わなければならないと思わされている力のことである。掟は、私たちの価値、とくに優劣の価値を支配している。これに従うことで私たちの日常の秩序は保守される。その一方で、これに従うことで私たちの心はその秩序に束縛されてしまう。笑いはこの掟と極めて密接な関係を有している。掟に従うことで生まれる笑いがある。その反対に、掟に抗うことで生まれる笑いもある。掟の強制力を強化することにも笑いは加担するけれども、掟の強制力を弱めることにも笑いは加担するのである。

世界がグローバル化し、国境を越えて大量のひとやものが行き来し、それにともない私たちの社会とは異なる価値の存在に気づくことが増える中で、掟の存在も揺らいでいる。多様性を尊重しようとする傾向は、一面的な視点から生まれた価値の偏狭さを批判する方に向かう。そうした傾向が加速すれば、いつかひとは掟に囚われなくなり、掟の力が消滅すれば、それによって各自の生きやすさが増し、私たちはより幸福になるのかもしれない。しかし、世の中はそう簡単なものではないようだ。現在の社会状況を振り返れば、私たちはますます掟に囚われてしまっているように見えるし、掟によって主体的な判断力が奪われてしまっていると考えざるを得なくなっている。そうした笑いと掟をめぐる厄介な状況に、私たちは巻き込まれている。

本書は三章に分かれている。先人たちが笑いを論じる際に行った典型的な分類に従っているということでもあるが、それらは平穏な日常の破裂がなされるあり方を三つのパターンに分けたものと言うこともできる。第一章は優越の笑いであり、往々にして不意な出来事によって破裂が起こる際の笑いである。第二章は不一致の笑いであり、多くの場合、技術を用いて不一致を起こすことによって破裂が起こる際の笑いである。第三章はユーモアの笑いであり、日常の平穏さを支えている掟に抗うことによって破裂が起こる笑いである。章が進むにつれて、掟に対する私たちの態度は、より柔軟になり、自由になってゆくことだろう。

筆者は「滑稽さの美学」というタイトルの講義を、本務校をはじめ、複数の大学で一〇年ほど行ってきた。本書の考察は、教室での学生たちとの対話で鍛えられてきたものでもある。ときにそうした学生たちとのエピソードも交えながら、議論を展開していこうと思う。

目次

第二章　不一致の笑い

第三章 ユーモアの笑い

第一章

優越の笑い

1　優越の笑いと笑ってはいけない問題

ホッブズは笑ってはいけないと言った

イギリスの政治思想家トマス・ホッブズは『リヴァイアサン』の中で、次のような考察を残している。ホッブズ以降、笑いを哲学的に探究しようとする者は誰でもまずここから出発してきた。その出発点から私たちも笑いへの問いを始めてみたい。

> とつぜんの得意は、笑いLAUGHTERとよばれる顔のゆがみ*Grimaces*をおこさせる情念であり、それは、自分のあるとつぜんの行為によろこぶことによって、あるいは、他人のなかになにか不恰好なものがあるのを知り、それとの比較でとつぜん自己を称讃することによって、ひきおこされる。そして、それは、自分のなかに最少の能力しかないことを意識している人びとに、もっとも生じやすい。かれらは、他の人びとの不完全さを観察することによって、みずからよしとせざるをえないのである。したがって、他人の欠陥についておおいに笑うことは、小心のしるしである。なぜなら、偉大な精神にふさわしい仕事のひとつは、他の人びとを嘲笑からすくいだして解放し、自分自身をもっとも有能な人とのみ、比較することだからである。（1〔巻末「文献一覧」の文献番号を示す。以下同様〕、107－108頁）

例えば、ラッシュアワーのとき、見知らぬ誰かが駅の階段ですっ転んだとしよう。あなたはこの光景を目撃した。このとき、ひと知れずあなたは笑みをこぼした。その笑いの理由をホッブズは「他人のなかになにか不恰好なものがあるのを知り、それとの比較でとつぜん自己を称讃する」ところに見ている。「とつぜんの得意」とは、すっ転んだ他人と自分を比較して、「そんな惨めな失策を私だったらしないのに」と目撃した私たちは想像するだろうし、その際には優越感が生じるだろうというわけである。自分と他人との比較がもたらす笑いの条件に注目するのが優越の理論というものである。あなたは「不恰好なもの」を露呈した他人を笑うことで「笑う者」となり、この笑いによって、他人を「笑われる者」にするのである。

ホッブズの考察で興味深いのは、この「とつぜんの得意」が「笑う者」の主観的で架空の比較に基づいている点である。これまでの人生で、人前ですっ転んだことのないひとはほとんどいないだろう。少なくとも、これに類似した「不恰好なもの」を露呈してしまう経験は、誰しもどこかで行ってきたに違いない。完璧で、決して失敗しない人間などいないのだ。それにもかかわらず、私たちは自分たちのこれまでの愚かさを忘れて「そんな惨めな失策を私だったらしない」と思い込み、笑う。それを支えているのは、笑う者の都合の良い、勝手な比較がもたらすフィクションに過ぎない。

このような「笑う者」に、ホッブズはとても手厳しい。「他人の欠陥についておおいに笑うことは、小心のしるしである」。なぜなら、偉大な精神の持ち主であれば、他人が「不恰好なもの」をあらわにした際に、笑う前に救いの手を差しのべようとするだろうし、他人と自分を比較するならば、自分より優れたひとと比較して、自分に足りないものを反省し、より謙虚であろうとするはずだからである。ホッブズは「自分のなかに最少の能力しかないことを意識している人びと」だからこそ笑うのだ、と言う。私たちは「笑われる者」を愚かな存在とみなすけれども、実のところ真に愚かなのは誰かを「愚かな者」と思い込み笑っている側なのではないか、と言うのである。

古代ギリシアのプラトンやアリストテレスの笑い論も、この優越の理論と呼びうる傾向を示していたが、ホッブズのこの考えが人口に膾炙し、賛同という形であれ、反発という形であれ、その後の笑いの研究を大いに支配したのである。『笑いと嘲り　ユーモアのダークサイド』でマイケル・ビリッグは、ホッブズの論を受けて「だから笑いに満ちた社会は楽しいところではない。そこは人生という競争で、それぞれが互いを負かそうとしている嘲笑の場である」（2、92頁）と言い放った。笑いの研究はまず、この「笑う者」をネガティヴに捉える「笑ってはいけない」という地点から出発したのである。

私たちは笑ってはいけない

さて、この「笑ってはいけない」社会を考えるのに、ポリティカル・コレクトネス（ＰＣ）をめぐる議論に目を向けてみよう。しばらく前から世の中に浸透してきているこれは、政治的公正を意味する。劣位に置かれていると思われる人々が自分は優位にあると思い込んでいる者から被ってきた差別や偏見を是正し、政治的また社会的に公正で中立な姿勢を求める。

この意識は欧米社会で花開いた。白人男性中心主義の社会に疑問を持ち、ジェンダーや人種、障害の有無などの観点から公正さを重視する立場（例えば「ポリスマン」ではなく「ポリスオフィサー」と呼ぶようにすること）だが、広義には、「デブ」や「ブス」など外見に対して世間が抱く価値観に対して、その不公正さを問題視する態度もこれに含まれる。日本においては、今日でもなお女芸人たちが自分の容姿の「ブス」なことと「デブ」なことと「ババア」なことを逆手にとってネタにし、それで笑いをとっている。これは笑われることで笑わせる笑いの一種ということになるのだろうが、こうした笑いが、ポリティカル・コレクトネスの観点から批判を受けるという出来事は、近年、日本でも度々起こっている。

数年前、民放の朝のバラエティー番組に、アメリカの人気女性アーティストのアリアナ・グランデが出演したときにも、ポリティカル・コレクトネスが話題になった。この番組の司会者加藤浩次は、もう一人のMC、ハリセンボンの近藤春菜をけしかけて、近藤をアメリカの男性映画監督マイケル・ムーアに見間違えたり、アメリカのアニメキャラクターのシュレックと見間違えたりして、近藤が「マイケル・ムーアじゃねえよ」や「シュレックじゃねえよ」と怒るという定番のネタを、挨拶がわりにグランデの目の前で披露した。すると、グランデは明らかに困惑の表情を見せて、近藤の定番ネタとまでは理解していなかったとしても、それが近藤の容姿をからかうPCに反するネタだということは瞬時に察した上で、いいえ、あなたはマイケル・ムーアやシュレックには似ていないわ、あなたはとても可愛いですよと微笑んだのである。すると今度は近藤の方が困惑の表情を見せて、気を利かせたはずの挨拶が二人のすれ違いに終わったと戸惑いを隠しきれずにいた。

この放送直後、インターネット上では様々な意見が飛び交った。一つは、アリアナ・グランデの態度を賞賛し、日本人にPCの姿勢を教えてくれたと感謝するものだった。もう一つは、反対に、グランデのような態度は芸人殺しであるという立場であった。近藤などの芸人は自分の容姿を「おいしい」と解釈して、それを利用して笑いをとっているのだから、ポリティカル・コレクトネスの立場から「笑ってはいけない」と主張することは、近藤を援護するように見えて、実は芸人近藤の仕事を否定しているのではないかと言うのである。この調子ではいずれ太った女芸人やタレントたちを集めて運動会を行う番組などは、体型のところはモザイクでも掛けられ、さもなければ放送されなくなるだろう、そうした禁止ばかりの世の中が一体健全と言えるのか、とあるブロガーは呟いた。なかにはグランデの「可愛い」との発言は本心で言った言葉なのかと疑い、「偽善臭」がすると批判する者もいた。こうした類の論争は、何事か（男性芸人が黒人を模して顔を黒塗りした際や、別の男性芸人が「ホモの噂がある」と自称するキャラクターを演じた際など）が起こると噴出し続けている。しかし今のところ、多くの人間が納得する結論は見いだせていない。

私たちは、優越の笑いを笑ってはいけないのだろうか、笑っても良いのだろうか。

私たちは笑ってはいけない？

アメリカのアニメーション番組『サウスパーク』は、社会の中に過度なPCの傾向が広がることに対して警鐘を鳴らすシリーズを、二〇一五年に放送したことで話題となった。このシリーズの第一回、おなじみの子供たちが過ごす小学校に、ある異変が起きた。校長が急遽交代することになったのである。新しく赴任したのはサングラスをかけたマッチョな白人男性だった。彼の名は「PC校長」。学校でマイノリティが差別や偏見に遭っていると知れば、すかさず行動に移し、犯人を徹底的に懲らしめる。暴力も辞さない。マジョリティの側に立つ白人男性がマイノリティを擁護するというねじれがコミカルで、正しいことを貫くためなら腕力も行使するという皮肉な態度は、ポリティカル・コレクトネスが持つ負の側面をあぶり出そうとする諷刺でもある。『サウスパーク』の作者たちは、この校長を暴れさせることで、ポリティカル・コレクトネスの問題性を浮き彫りにしていった。

例えば「セーフ・スペース」（安全な空間）というタイトルの回を見てみよう。冒頭、カートマンという名の男の子が、涙を流してPC校長に訴える。昨日、カートマンは更衣室で自分の裸を鏡に映して遊んでいた。自分がかっこいい筋肉質の人間だと思えてきて（本当はぶよぶよのお腹をしている）、友達に写真を撮ってもらい、その写真をSNSに投稿した。翌朝、カートマンがSNSを開くと、本人の思惑とは異なり投稿に対するネガティヴなコメントばかりが溢れていた。冷静に考えれば、カートマンの行動は、彼の思い違いと不用心が起こした自業自得という側面がある。だがPC校長はカートマンを被害者とみなし「身体への辱め（body shaming）」を受けたとして、彼の悲しみを過度に深刻に受け止める。そしてPC校長はカートマンの友人に、カートマンのSNSを管理させ、すべてのコメントにフィルターをかけ、ネガティヴなコメントは削除し、カートマンがポジティヴなコメントにのみ触れるようにするボランティアを（強制的に、暴力的に）依頼する。

ＰＣ校長がカートマンに提供しようとしたのは、笑われない「安全な空間」である。筆者は、ポリティカル・コレクトネスがこうした空間を求めることを一概には否定しない。しかし、「安全な空間」を求めることが、結果として「笑いの空間」を私たちから奪うことになる点を無視することができない。この代償が持つ意味とは何だろうか、冷静に考えるべきである。私たちは、今一度慎重に、優越の笑いの持つ特徴について検討する必要がある。

2　笑ってはいけない問題とステレオタイプ

ベルクソンの「出来合いの枠」

ホッブズ同様、笑いを「優越」の観点で分析した哲学者にアンリ・ベルクソンがいる。彼は、「ぎこちなさ」と「柔軟さ」といった独特の概念を用いて議論を展開した。

〔ものにこけたひとが〕笑いを誘うのは、注意深い柔軟さと生き生きした屈伸性がほしいところに、一種の機械的なぎこちなさが見られたからである。（3、19頁。〔　〕の加筆は筆者、以下同様）

わたしたちを滑稽なものにする欠陥は、（……）外から持ってこられた出来合いの枠というべきものであり、わたしたちはそこに嵌りこむのである。それはわたしたちの柔軟さに馴染むことなく、わたしたちにぎこちなさを押しつける。わたしたちはそれを複雑にするのではなく、逆にそれがわたしたちを単純化する。（3、22頁）

ものごとに対して臨機応変にまた柔軟に対応できることは、社会が求める私たちのなすべき振る舞いである。ベルクソンはまずそのように主張した上で、そのような優美な振る舞いが失調し、人間が機械の見せるようなぎこちなさをあらわにするとき、ひとは笑う（笑われる）のだと考えた。したがって、ここで笑いとは「懸念」の表明であり、「矯正」の表現である。また「笑われる者」とは社会の心配の種ということになる。そしてベルクソンの場合「笑う者」とは、ホッブズの言う「小心」者ではなく、優れた社交性を有する優れた人物ということになる。

さて、「笑われる者」となるとき、ひとは「出来合いの枠」を嵌められたようになる、とベルクソンが論じていることに注目してみよう。

「出来合いの枠」とは、社会からひとに充てがわれるタイプのことである。『オセロ』『ハムレット』など悲劇ではしばしば主人公の名前がそのままタイトルに付けられる。これとは対照的に、喜劇では主人公の名前よりも彼や彼女を侮蔑する名詞（『守銭奴』『才女気取り』など）がタイトルになることが多い。このことにベルクソンは注意を促し、滑稽な場面では、ひとは唯一無二の当人そのものではなく、その状況にふさわしいタイプで呼ばれるのだとした。「出来合いの枠」とは、社会が想定する不恰好な状態を指すレッテルである。ひとが笑われるような状態をあらわにしたとき、そうしたレッテルが外側からそのひとの状態に充てがわれる、というのである。なるほど私たちは、誰かが転んだとき、そのひとを笑っているというより、そのひとの失策が出現させた「間抜け」なるものを笑っているのかもしれない。「出来合いの枠」は、私たちを複雑にはしない。すなわちそれは、私たちが当該の人物の特殊性・固有性に意識を向けることをやめさせ、代わりにそのひとの「間抜け」さに目を向けさせるのであり、そういう仕方で私たちを単純にする。「間抜け」と他人を笑う笑いというものは、そうした「枠」越しに他人を見るよう私たちを促しているのである。

私たちはステレオタイプで笑ってはいけない

先にも触れたように、このようなベルクソン流の優越の理論においては、「笑う者」を小心者と非難するホッブズとは異なり、「笑う者」は社会において柔軟さを発揮できる優れた人物である。彼は、笑われる者の愚かさを危惧して笑う。ベルクソンは「優美」と「滑稽」の対比をこの議論の中軸に据えながら、社会というものの運動を阻害する対象が、滑稽なのだとした。「性格と精神のこわばり、そしてまた身体のこわばりも、社会にとってはすべて心配の種となる。なぜなら、そうしたこわばりは活力が眠りこむしるし、あるいは活力が分離し孤立して社会の描く軌道から外れてゆくしるし、つまり中心はずれのしるしかもしれないからだ」（3、26頁、一部筆者改訳）。

なるほど「吝嗇《りんしょく》」や「賭博狂」のような一般的なタイプを挙げるとき、ベルクソンはあくまでも笑われる当人の、非難されても仕方がないような行為を笑いの対象にしている。けれども、それに限らず、過度の肥満、どもり、背中にこぶのある男などにも目を向け、そうしたひとの身体的特徴にも「生きているものの上に貼りつけられた機械的なもの」（3、54頁）を見るベルクソンの眼差しは、現在ではポリティカル・コレクトネスの立場から批判を受けるものに違いない。それればかりか、人種に関して、身体的あるいは精神的障害に触れる事柄に関して、またはひとを美醜で判断することに関しても、そこで生じる「不恰好さ」に言及しながら、彼はそのおかしさを疑わない。多様性を尊重する現在の世界の動向とは逆向きのベクトルを彼の笑い論は有しているのである。

例えば、黒人に対してベルクソンは次のように述べる。

黒人をなぜ笑うのか。（……）しかしこの問題はある日、往来で、わたしの目の前にいたひとりの馭者によって、とっくに解決されてしまっていないだろうか。その馭者は自分の車に座った黒人の客を、「洗い足りない」と言ってのけたのだ。洗い足りない！　つまり、わたしたちの想像力にとって、黒い顔はインクか煤《すす》で汚れた顔だというわけである。（3、42頁）

先に引いた文章で、ベルクソンは滑稽さをもよおすぎこちなさを「中心はずれ」と呼んでいた。黒人をめぐるこの記述と重ねてみると、滑稽な者（黒人）とは対照的に「中心」と位置付けられているのは「わたしたち」（フランスの白人）ということになるだろう。ベルクソンの笑い論の背後に見え隠れしているのは、ヨーロッパ白人中心主義であり、健常者中心主義である。いきいきとして柔軟であるのは、「わたしたち」白人の健常者であり、この白人の健常者という中心から外れる者たちの姿というのは、白人の健常者の上に機械的なものが貼り付けられたような状態にあるものと、ベルクソンは捉える。だからこそ彼は「黒人は変装した白人である」（3、43頁）と捉える考え方にさしたる疑問を抱かないのである。

黒人の肌の色に「変装」を見るのは、見られる黒人の側に理由はなく（見られる側の黒人がここで不恰好な行為を行っているかどうかは一切問われない。指摘されているのはただ肌の色のことだけである）、見る白人（ベルクソン）の側（「わたしたちの想像力」）に理由がある。何かが「不恰好なもの」であるのか否かは、ある特定の視点からそう判断されたに過ぎない。言い換えれば、客観的にあるいは本質的に「不恰好なもの」は存在しない。特権的でマジョリティとされる誰かの眼差しがそう呼ぶことで、何かは「不恰好なもの」になるのであり、その眼差しと重なり合う視線を持った場合にだけ、私たちに何かが「不恰好なもの」に見えるのである。

また、クリスティー・デイヴィスによれば、エスニック・ジョークにおいて「標的」となる「愚かしさ」の対象は、しばしば「中心」となる支配的な文化圏に隣接した「周縁」地域に属する者が担っている。エスニック・ジョークの標的がそのジョークを笑う者とまったく無関係な地域に向けられることはない。「ジョークの語り手は〔標的となる〕彼らを、滑稽な仕方で歪んだ、自分自身の「愚かしい」ヴァージョンとして見ている」（4、p. 82）のである。そうした地域は、しばしば中心的な地域の文化に由来を持っていたり依存していたりしており、その割には中心となる都市部のダイナミズムから切り離されてしまっている場所である。中心が反転してジョークの標的になることは基本的にはない。「笑う者」と「笑われる者」の関係は非対称的なのである。例えば、アメリカにおいてはポーランド人、田舎のイタリア人、ポルトガル人などが決まって「愚かしさ」のジョークの標的とされ、カナダにおいてはニューファンドランド人が、フランスにおいてはベルギー人やフランス系スイス人が標的とされる（4、p. 42）。近年の日本では『翔んで埼玉』の映画化が話題となったが、東京という中心に対して隣接する埼玉という周縁を笑う点で、デイヴィスの指摘するのと同じ構造を有している。

私たちはなぜ笑われたくないのか——「出来合いの枠」と「不恰好なもの」

こう考えてみると、ポリティカル・コレクトネスの立場が優越の笑いに批判の矛先を向けることにも、納得がゆく。しかし、さらに丁寧に問題の本質を掘り下げてみよう。そもそも優越の笑いが発生した場で、私たちが笑われる側に立ちたくないと思うのはなぜだろうか。それは一つに、自分を「不恰好なもの」という「出来合いの枠」で決めつけられることが恥ずかしく、惨めで、情けないことと思うからだろう。駅で思わずすっ転んだ自分が笑われたくないのは、自分がその行為を通して「間抜

け」と思われたくないからである。そこでは、

「不恰好なもの」が「出来合いの枠」である

という認識が前提になっている。しかし、ベルクソンは、これまでの議論をひっくり返す、こんなことも言っているのである。「ある意味で、性格というものはすべてみな滑稽であると言えよう。ただし、ここで性格というものを、人間において出来合いのもの、一度組み立てられると自動的に作用する機械仕掛けのようにわたしたちの内部にあるものと解してのことである。お望みなら、それは自分で自分を反復しているところのものであると言ってもよいだろう。したがって、それはまた他人が反復できるところの自分であると言ってもよい」（3、123頁）。

なるほど私たちは、ついこう考えがちである。

「出来合いの枠」＝「不恰好なもの」＝そう名指しされたら恥ずかしいもの

しかし、別の仕方で考えることもできるのではないか。それ自体としては社会において高い評価を与えられていると思われるような性格（ここでは「性格」とはタイプとほぼ同義で用いられていると考えられる）、例えば「美女」「イケメン」「天才」も、一種の「出来合いの枠」ではないのか。「出来合い

の枠」とは、誰かの機械的な振る舞いに外側から押し当てるものである。もしある積極的な評価を一般には受けそうな振る舞いが、過度な傾向を帯びてしまい、それゆえに機械的なものに映るならば、それはまた滑稽さの対象ともなり得る。いかにも「女子アナウンサー」風の清楚な身なり、取って付けたようなナチュラルメイク、それ系の専門学校で習得してきたのでは（事実かどうかは別として）と想像してしまう定型のぎこちない笑顔などを見せる女性が目の前に現れたら、私たちは彼女のことを「女子アナかよ」と笑うだろう。社会的にネガティヴな評価を受けるキャラクターのみならず、社会的にはもっぱら評判の良いイメージであっても、嘲笑の対象に転じることは大いにある。それらは、どちらも「出来合いの枠」のなせる技であり、「ブス」と「美女」も、そうした笑いの対象であり得るという点では同類なのである。すなわち、

「出来合いの枠」が「不恰好なもの」である

何がおかしいって、誰かの行動や佇《たたず》まいが思いがけず「出来合いの枠」にスポッと嵌まってしまうことが、おかしいのである。ベルクソンの笑い論にはこうした面もある。その面では、そこに現れた「出来合いの枠」が社会的に優れたものとみなされているのか劣ったものとみなされているのかは、たいした問題ではないのである。

ステレオタイプの笑いを批判する立場とそれを再批判する立場

いや、たとえそうであるとしても、やはり社会は「美女」を「ブス」よりも優れたものとみなしがちであるし、私たちは逃れようもなくある社会において暗黙裡に規定されている一定の優劣の価値に支配されて生きている。笑いの場面では尚更そうではないかと先の議論を訝《いぶか》しく思うひともいるだろう。笑いの差別的側面に強い警戒心を抱いている学者ロナルド・デ・ソーサは、次のようなジョークを取り上げて彼の問題意識を示そうとする。

マーガレット・トルドーは、ホッケー・チームを訪れた。彼女が姿をあらわすと不平を漏らした、集団レイプされたって。ないものねだりだな。（5、p. 239）

このジョークの作者と名乗る学生エディターと出会ったデ・ソーサは、このジョークをめぐり議論をしたのだという。性差別主義者が前提しているだろう「すべての女性は密かにレイプされたがっている」という思い込みがこのジョークに暗示されているのではないかとデ・ソーサが問うと、学生エディターは、その指摘はジョークの勘所を見誤っているとデ・ソーサを批判し返したのだという。このジョークが関係しているのは、そうした性差別主義者の心理などではなく、〈マーガレット・トルドーは「性的に奔放」〉という「共有されている知識」なのだからというのが、学生エディターの唱える自説であった。

マーガレット・トルドーとは、現在カナダの首相を務めているジャスティン・トルドーの母親であり、同国の元首相ピエール・トルドーの二九歳年下の妻であった女性である。若きマーガレットは、ファースト・レディという立場に甘んじることなく、「スタジオ54」というディスコに頻繁に通ったり、有名人とのスキャンダルを数多く残したりした。彼女は自由を愛した。そして彼女のそうした人生は日本ではそれほど認知されていないものの、欧米ではよく知られており、彼女が「性的に奔放」であるのは確かに「共有されている知識」なのである。ここまでの議論を整理しておこう。二つの立場が並置されている。

（a）このジョークを笑う者は、性差別主義者である
（b）このジョークを笑う者は、共有されている知識の巧みな使用を笑っているだけである

デ・ソーサが主張する（a）は、このジョークを笑うということは、「すべての女性は密かにレイプされたがっている」という性差別主義者的な思い込みを共有しているのであって、そうである限り、性差別主義者と同類であると考える。（b）の主張では、世間に流布している共有された知識がうまく使われたことを理由に笑っているのだから、このジョークを笑う者は、性差別主義者とは言えない。また、この主張には、ジョークはただのジョークだという考えが含意されている。

ベルクソンの論法に引きつけるならば、（b）は、〈マーガレット・トルドーは「性的に奔放」〉と

いう社会に共有された「出来合いの枠」が巧みに使われていることを笑っているのであって、「出来合いの枠」が指し示している価値観に賛同も否定もしていない、という立場である。これに対する（a）は、そもそも「出来合いの枠」が使われている時点で、このジョークには「出来合いの枠」に含まれている価値観が反映されており、またその価値観への是認が含まれているのだから、このジョークを笑うことは「ただのジョーク」と言ってすまされるものではなく、性差別主義者が同類たちと笑っているときの笑いが含まれている、という立場である。（a）は、このジョークとともに広がっているのは「差別の空間」に他ならないと考える。しかし、（b）は、このジョークは「笑いの空間」で展開されたものであって「差別の空間」とは一切関係がない、と主張する。

哲学者のノエル・キャロル（6、pp. 358-364）は、（b）の立場に立ち、ジョークというものについて私たちは、自分たちが本当には信じたり思い込んだりしていないあれこれの可能性を想像したりもてあそんだりするものではないか、と主張する。望みを叶えてくれる精霊のことであるとか、死後の存在であるとか、ピーナッツが話しかけてくるとか、そうした絵空事をあれこれ取り出しては想像し、それを使って出来事をこしらえてみては笑う、それがジョークというものではないか。デ・ソーサが理解し損ねているのは、ジョークというものはそもそも「架空のジャンル」を引き合いに出して、いわばそのネタを楽しんでいるだけ、という観点である。そう指摘した上でキャロルは、私はブロンド女性と結婚し、妻にしているが、私はブロンド女ジョークで笑うし、私の妻もそれを聞いて笑うと明言する。いや、むしろ妻の方がしばしばブロンド女ジョークを言ってくるのだ、とまで述べ立てる。それはもちろん、性差別主義者的な立場からブロンド女性である妻を笑っているのでも、妻は妻で被虐的な意味合いで笑われることを望んでいるというのでもない。キャロルとその妻がこのジョークを好み、笑っているのは、ジョークに登場する「ブロンド女」はあくまでも架空の存在だからであり、単なる虚構の約束事だからであり、またそのことをわかっているからであり、だから彼らは、その架空の存在が面白おかしく取り扱われることを笑っているのである。

キャロルの口吻《こうふん》は、ジョークとはそういうものだろう、それは他ならぬただのジョークなんだ、それに余計な何かが混ざり合っていると見るのは、ジョークを理解していない証拠だ、と言わんばかりである。確かに、ジョークにそうした側面があるのは事実だろう。キャロルのような指摘がなされることでジョークの正しいあり方が示され、また「笑いの空間」の独自性や重要性を確保する理屈が与えられるだろう（また、キャロルの思考には、ジョークを優越の理論からというよりも、本書第二章で論じる不一致の理論から導き出すべきとする傾きがある）。別の観点から見れば、もし（b）を見失うならば、笑いとはたいていが（a）のような差別的意識に基づくものとなってしまう。そうした短絡的な状況を回避して「笑いの空間」を守らねばならないという主張ともとれよう。同様の問題関心から、ダウンタウンの松本人志は著書の中で、かつて難民の子供の写真で「写真で一言」を行ったときのことを振り返り、「〇〇」（その具体的な内容は伏せられている）とたとえたら、客の半分も笑わなかったとして、こう慨嘆している。「オレがその子供を〇〇にたとえて客が笑っても、その子供がおもしろいのではなく、オレの発想がおもしろいのだ。なぜその発想がおもしろいと笑えないのだろう？」

（7、158頁）。

ただし、そうは言っても、デ・ソーサのようにこうした笑いは「笑いの空間」というよりも「差別の空間」を生み出すだけではないかと思うひとが存在するのも事実である。それを、単に誤解と言ってすますこともできないというのが、今日の社会状況である。少なくとも、あるジョークを聞いて、「笑いの空間」ではなく「差別の空間」が生じてしまったと思うひとが出てきたのならば、そのひとがそう思ってしまう事実を、そう思わないひとが簡単に「笑いをわかっていない」と否定して即解決、ということにはならないだろう。

私たちは「笑う者」やジョークを言って「笑わせる者」の立場をひとまず置いて、「笑われる者」の側に目を向けて、彼らの心の中で何が起こっているのかに注視しなければならない。先述の例で言えば、私のネタで笑ってくれないと内心嘆息している（かもしれない）近藤春菜の側からではなく、それがネタであることは気づいていながら、それでも笑えなかったアリアナ・グランデの側で起きていること、あるいは近藤春菜のネタがまるで自分を笑っているように思えて笑えないでいるひとの心中を考察する必要があるだろう。

グランデと近藤の接触が話題になる二年前、いとうあさこの「ババァ」ネタについて、女性ライターによる次のような意見がネットにアップされていた。「いとうさんは現在44歳。まあ、世間的には微妙なお年頃。とは言いつつ、この年頃の女性をいくらバラエティだからって「ババァ」呼ばわりするのに違和感を覚えるのはワタシだけでしょうか？　え、アラフォーの自分と重ねて勝手に胸を痛めてるんだろ、って？　うん、まあそれは多分にあるかもです（笑）。でもテレビって公共のモノじゃないですか。そこでアレがまかり通ってしまうのはやっぱり「ん？」って思うんですよね」（8）。いとうは『謎とき冒険バラエティー　世界の果てまでイッテQ！』で頻繁に、男性ナレーターや内村光良から「ババァ」と呼ばれ、それが彼女の芸になっている。このいとうに向けられた「ババァ」を、この女性ライターは自分のことのように思ってしまい、不快な気持ちになっている。あれはギャグでネタなんだから、そのことをわかってよ、自分に置き換えるのは「誤解」だよ、と言っても、彼女の不快感は解消されないだろう。「笑いの空間」と「差別の空間」とが重なり合ってしまうところで何が起きているのか、もう少し丹念に考察してみよう。

マイクロアグレッションに敏感なひとは「安全な空間」を求める

そのために、近年、欧米圏で話題のマイクロアグレッションに関する議論に注目してみたい。「マイクロアグレッション」とはほんの些細な攻撃性という意味だが、この概念の特徴は攻撃した側にしばしば悪意の自覚がないことであり、ゆえに自覚なき差別とも言われる。

この概念の名付け親とされているデラルド・ウイング・スーは、次のような事例からこれを説明している。スー（アジア系アメリカ人）と彼の同僚（アフリカ系アメリカ人）がある日、飛行機に搭乗したときのことである。客室乗務員は彼らに座席の変更を求めてきた。小型で乗客の少ない飛行機の場合にさほど珍しくはない依頼である。飛行機の重量バランスの調整のためであれば合理的だと思いつつも、スーは自分たちが変更を求められた背景には、人種差別があるのではないかと疑い始めた。すると、彼の血圧は上がり、心臓の鼓動は速くなり、怒りで顔が紅潮してきた。自分たちではなく白人の乗客が席を移動するべきではないかとの思いも芽生え、スーは客室乗務員に詰め寄った。すると、座席の変更を求めたことは人種差別的な動機とは一切関係がないと、客室乗務員は答えたという。

マイクロアグレッションをめぐる問題は、スーの事例に典型的なように、加害者とみなされた者に攻撃の意図があったか否か以上に、加害者とみなされる者の行為の解釈に重点が置かれるという点である。客室乗務員に人種差別的な動機はなかった。それにもかかわらず、スーやその仲間たちがあるいは第三者がそこに人種差別的な意図を読み取り得るのであれば、そうした言動から被害者を守るべきである。加害者とされる者には窺い知れないところで認証されてしまう「攻撃」性が、マイクロアグレッションの特徴なのである。

マイクロアグレッションの是正を求める訴えは、欧米社会のとくに大学等の教育機関でのコミュニケーションの中で多く発生している。それは、どのような言葉や言い回しがどのようなコノテーションをともない得るものであるのかが判然としなくなっている、人種的、ジェンダー的、宗教的に多様な場に欧米の教育機関がなっていることの証左であろう。発話者が意図していなかったコノテーションを受け手が勝手に読み取ってしまうという誤読は、同質性の高い社会では起こりづらい。しかし、それを誤読と訂正しても問題の解決にはならない状況が生まれている、というわけである。

問題となる差別的なコノテーションが何かしらの社会的慣習から生まれているものであるのなら、

発話者はそのあり得る何かしらの社会的慣習を内面化し、そこに自分の用いる言葉が無駄に関連してしまわないか、可能な限り広範に配慮する必要が出てきた。初対面の者同士の極めて一般的で日常的な会話の一つであろう「出身はどちらですか？」という質問も、アメリカ合衆国の中でアジア系アメリカ人や南米系アメリカ人に投げかける際には、注意が必要だとされている。なぜならばその問いには「あなたは真のアメリカ人ではないですよね」というコノテーションを読み取られる可能性があるからである。「なぜあなたはそんなに寡黙なのですか？」とアジア系アメリカ人に聞くことも、同じく注意しなければならない。アジア系の人間に向けたステレオタイプに基づく発言だと誤解されかねないからである。そして受け手がその一言を「アジア系の人間に向けたステレオタイプで侮蔑的だ」と思い込んだならば、「それは誤解ですよ」と言い返したとしても、その弁明にはあまり効力がない。

マイクロアグレッションが抱える問題は、無駄な誤解を避けようと努力すればするほど、発話者の方が差別的なコノテーションを熟知する必要に迫られ、差別的なコノテーションとそれを自分のこととして受け取ってしまうひととの結びつきを強く意識するようになってしまう点にある。もちろん、差別に苦しめられているひとがいるならば、その解消に努める必要はある。しかし、差別の解消のために行ったことが、むしろ差別意識を固定化したり、元々差別意識のなかったひとに差別意識を植え付けたりしてしまうのであれば、本末転倒である。

例えば、ただある学生の授業態度に向けたはずの「なぜあなたはそんなに寡黙なのですか？」との問いが「アジア系の人間に向けたステレオタイプ」として読み取られるかもしれず、ゆえに「侮蔑的だ」と受け取られかねないと先回りすることは、「アジア系の人間に向けたステレオタイプ」を望まない形で是認し、それをある学生に当て嵌めることをやはり望まない形で是認してしまうことになる。これをマイクロアグレッションだと訴える学生も同じ目に遭っているのではないだろうか。授業中に発言を求められただけなのに、それをアジア系の人間に向けた侮蔑と捉えてしまう学生の認知は、単に「誤解」であるだけではない。自分の態度と「アジア系の人間に向けられたステレオタイプ」とを勝手に結びつけ、その関係を勝手に固定的なものと受け止め、是認してしまっているという点で、この学生は自縄自縛に陥っていると言うべきだろう。それに、寡黙な学生から発言に意欲的な学生へと成長するチャンスを自ら奪ってもいる。

ここまで『被害者意識の文化の台頭』(9)を参考に考察してきたが、その著者であるブラッドリー・キャンベルとジェイソン・マニングは、マイクロアグレッションに過敏な今日の社会には「被害者意識の文化」が背景にあると指摘する。

二人は、道徳文化としてまず「名誉の文化」と「威厳の文化」があると言う。「名誉の文化」においては、他人の評判がひとの名誉を左右する。それだから、侮蔑や攻撃や挑発などを受けると、ひとは激しく応答し、極端な場合、決闘へと至る。これに対して「威厳の文化」は対照的に、他人の評価に左右されない人間形成を理想とする。ゆえに、侮蔑を受けたとしても過度に傷つかない神経の図太さが求められる。「威厳の文化」を生きる親たちは、「杖や石は私の骨を砕くかもしれないが、言葉は決して私を傷つけない」という古いことわざを子供に言い聞かせる。「名誉の文化」が中世的であるとすれば、自己抑制を尊ぶ「威厳の文化」は近代的である。とはいえ、キャンベルとマニングによれば、この二つの文化は今日においても並存しており、名誉を重んじる意識はギャングたちの抗争などとして今でもみられる。優越の笑いを批判し、偉大な精神のあり方を重んじるホッブズの笑い論は、「威厳の文化」の立場から「名誉の文化」にひとが陥ることを警戒していると言えそうである。

ところが近年、これまでの二つの道徳文化では説明しようのない現象が起きている。「威厳の文化」で重視されていた、他人からの侮蔑に振り回されない態度の代わりに、自分が他人から侮蔑されていないかを常に意識し、ひとたび侮蔑されていると知ればすぐに行動に訴える態度が当たり前になってきている。この背景にあるものをキャンベルとマニングは「被害者意識の文化」と呼ぶ。侮蔑に敏感という点では「名誉の文化」に近いのではあるが、侮蔑を恥と捉え、侮蔑される者に厳しい「名誉の文化」とは異なり、「被害者意識の文化」は、侮蔑される者にむしろ優しい。

さらに「被害者意識の文化」においては「被害（犠牲）が美徳ならば、特権は悪徳である」と言われる。そうした意識に従って、マジョリティ／マイノリティの対立は特権／被害（犠牲）の対立とみなされる。そして、この対立の解消よりも、対立を忘れさせる「安全な空間」の確保が求められる。元々「安全な空間」は、女性の権利運動の中で生まれたものであり、女性をめぐる課題を議論する集会所を意味していた。その後、二〇〇〇年には、大学のキャンパスでＬＧＢＴＱのことを気軽に話題にしたり、質問したりできる場を指す言葉にもなった。それが近年では、人種的、性的、宗教的少数者が自分以外の立場のひとと離れて過ごすことのできる「保護区域」というニュアンスが色濃くなっている。そこでは、特定の少数者たちが集い情報交換しながら、偏見や差別に遭遇することなく、ゆえにストレスなしに快適に過ごせる。

「安全な空間」の意義は今日、異なる立場の人間から特定の少数者を隔離するという傾向を強くしている。かつてニューヨーク市長を務めたマイケル・ブルームバーグは、様々に異なる視点を持っているひとたちから私たちは縁を断ち得るのだとの誤った印象を作り出してしまうと、「安全な空間」の今日的なあり方に向けて注意を喚起している。

「被害者意識の文化」の中で、被害者は矛盾を冒しているとキャンベルとマニングは指摘している。なぜなら被害（犠牲）と特権を対立させながら、被害（犠牲）者の側は「安全な空間」を得るという特権を享受するのであるから。しかし、そうすればするほど、自分たちは「被害（犠牲）者」であるという思いをますます頑なにしてしまう。この自縄自縛から脱出する方法はないのか。キャンベルとマニングも言及しているように、災いの元にあるのはマイクロアグレッションの被害者が抱えている「認知の歪み」なのではないだろうか。

差別意識の内面化と「認知の歪み」

以上から見えてきたように、差別に対する被害者意識というものは、ある社会において暗黙裡に規定されてしまっている価値観を自分の価値観にしてしまうことに起因する。『ちびくろサンボよ すこやかによみがえれ』の中で灘本昌久はそう指摘している。「アメリカ黒人が「ブラック・ピープル

（黒人）といわれて傷ついた理由のかなりの部分は、「黒い肌はマイナス」という価値観を白人と共有してしまった黒人自身の美意識による」（10、16頁）。

被害者のメンタリティは、自分が害を被っていると思うことに起因している。その際、被害者は望んでいない加害者側の価値観を内在化することになる。もちろん、そこに身体的ないし精神的暴力が存在していたり、明らかな偏見の意識が差し向けられたりして、傷つけられた気持ちになったひとにデリケートな配慮が必要であるのは間違いない。ＰＣの動向が、そうした変わらぬ社会に対して、一時的に「安全な空間」を設置しようと望むことも道理のあることである。だが、そもそもの問題は「黒い肌はマイナス」と考える思考傾向にあるのではないか。

「安全な空間」は「〇〇はマイナス」という声を、聞きたくないひとから遠ざけようとし、そうすることで守ろうとするのだけれども、「〇〇はマイナス」という価値観を温存させてしまう面がある。そうである限り、問題は解消されぬまま残ってしまう。灘本は、差別を内面化してしまっている自分を認知することが、「差別される痛み」から解放される方法であると説いている。「私は自分のマイナスイメージに苦しみ、それをなんらかの方法で克服した人を何人も知っている。そういう人が、過去の自分をふりかえって思いあたるのは、「差別される痛み」は外からやってくるのではなく、社会の価値基準を無意識のうちに内面化している自分自身から生まれてくる、ということである。それに気づいた人は、もはや自分のマイナスイメージに苦しむことはない」（10、194頁）。

自分のマイナスイメージにとり憑かれた心を解放する方法がある。認知療法は、一九六〇年代にアーロン・ベックが提唱した心理療法の一つで、近年人気となったマインドフルネスの源流となるアイディアに基づいている。認知療法において、現実とはそれを解釈する仕方によって意味が変化するものである。抑うつ的な症状に悩まされるひとというのはしばしば、現実に対してマイナスの考え方が、自動的に、意識せずに心に浮かび上がってしまう状態にある。そうした「認知の歪み」に向き合い、歪みを解消することによって症状の改善を図ろうとするのが、この治療法の特色である。

私たちの思考をネガティヴなものにしてしまい、現実を事実よりも過小評価してしまう認知の歪みの因子に、「レッテル貼り」がある。失策を犯したときに、その原因に真摯に向き合ったり、実直に改善方法を探したりする手前で、失策を犯した自分や他人に「バカ」や「間抜け」といった負のレッテルをついつい貼り付けてしまう。そうした「レッテル貼り」は、先述したベルクソンの「出来合いの枠」とおおよそ同類と捉えられるだろう。このようなレッテル貼りは、認知療法の立場からすると、感情的で偏見に満ちた心の傾向というだけではすまされないところがある。認知療法の専門家であるデビッド・D・バーンズは次のように言う。

レッテル貼りは自己破壊的であるばかりでなく、不合理な考え方です。あなたの自己はあなたの行為と決して同一ではありません。人間の考え、感情、行動は常に変わっていきます。言いかえれば、あなたは銅像ではなく、川の流れなのです。（11、33頁）

ベルクソンの笑いは一種の「矯正」をともなうものであった。しかし自分や相手を「間抜け」と笑うことは、失策を犯した当人を進むべき道に導く良き方法かと言えば、どうもそうではなさそうである。むしろ「矯正」の笑いは、ベルクソンの望まない機械的な自動思考を働かせるもととなり、「間抜け」から脱出しようとする者の歩みを阻んでしまうのである。「間抜け」な行為によって「間抜けな自分」を生み出してしまうと、そのひとは「銅像」のように「間抜け」というレッテルに永遠に束縛されてしまう。けれども、実際のところひとは「川の流れ」のように可変的である。「あなたの自己はあなたの行為と決して同一ではありません」。そのことを忘れてしまうことが危険なのであり、「レッテル貼り」の恐ろしさは、一つの失策を永遠の失策ととり違えてしまったり、そのことが原因で失策を犯した者が自分はダメな人間なのだと自己評価を下げてしまったりするところにある。

課題は、失策を犯した「自己」とその失策の「行為」とが分離し難く同一のものであると思い込んでしまう思考の傾向から、人々を解放することである。そして、自己評価を高める仕方へとひとを導くことである。自己評価を高める方法として認知療法が掲げるのは、次の三つのステップである。一つは、自動的なネガティヴ思考をそのまま書き出すこと、一つは、それを認知の歪みとして捉えること、一つは、その代わりにより客観的な考えに置き換えること、である。自分の顔を鏡に映すように、どんな思考に陥っているのかを見つめて、そこにどんな認知の歪みがあるのかを確認した上で、歪みのない認知にそれを置き換えるわけである。

ところで、笑いには、「矯正」としての笑いがそうであったようにこのようなステップを阻害する要素しかないのだろうか。私たちは、ともかく「レッテル貼り」を退けて「安全な空間」に拠りどころを見つけるべきなのだろうか。「笑いの空間」を捨て去る以外の選択肢は存在しないのだろうか。

3　優越の笑いが変容するとき

私たちには笑われたいときもある

結論を急がず、もう少し優越の笑いが生じる状況に留まって考えてみよう。誰かが駅の階段で派手にすっ転んだ。よく見たら、先に家を出ていた兄弟だった。私たちは、尻餅をついた彼を放って置けず、「大丈夫?」と声を掛け、大きな怪我をしていないか一緒に確かめるかもしれない。他人だったら笑える不恰好さも、身内や知り合いであったら笑いの対象ではなくなる。「笑われる者」を笑うのは、彼が「笑う者」にとって他人だからである。そうした自他の距離は、この笑いの条件の一つと言えるだろう。

しかし、さらに観察すると、こういう可能性も考えたくなる。当のあなたが駅の階段で派手にすっ転んだとしよう。あからさまにその様を見ていた他人から大きな声で笑われたら、それは確かにとても恥ずかしい。誰でも、できることならそんな「愚かな者」のレッテルを貼られたくはない。しかし、残念ながら失策は起きてしまった。そのとき、笑われることよりも辛いのは、この状況を無視されることではないか。誰かが笑ってくれれば、私も照れ笑いを返せるのに、無視されてしまうと、ますます身の置きどころがなくなってしまう。先ほどは、この状況で身内は笑わないだろうと書いたが、むしろ、身内こそ、「何やってるの！」とでも言いながら、手を差し出しつつ、その場の状況を笑ってあげるものではないか、それこそ親しき者の持つ優しさなのではないか。

大学で優越の笑いの講義をしたときのことである。講義終了後、ある学生が教卓の前にやってきて筆者にあるエピソードを話してくれた。彼女は、ある日、起きたばかりの寝ぼけた頭で、ついテレビのリモコンを冷蔵庫にしまってしまった、というのである。大事なのはその後の彼女の振る舞いである。彼女は、自分の失策に戸惑い、どうしたかというと、メールで妹にわざわざこのことを告白したというのである。誰も見ていなかったのだから黙っていれば良いとも思うのだが、彼女が選んだのは、自分の失策を妹に笑ってもらうことだったのである。

お笑い芸人はときに――先に話題にした近藤春菜やいとうあさこのように――笑われることで笑わせる。この場合には、笑われることで彼女は「笑わせる者」＝芸人になり得るからである。それは、本当に笑われているというよりは、「笑われる」という仕方で「笑わせる」戦略であって、自分の不恰好なものをポジティヴに「おいしい」と捉えて「ネタ」にしているわけである。だから、笑われているようで、そうではないのである。一方、リモコンの学生は、笑われることでお金儲けしているわけではない。それでも、笑われた方が良いというのはなぜだろうか。黙っていられなかったということを考えると、優越の笑いには、笑われたくないという側面の他に、笑われた方がましだ、あるいは無視されるくらいならむしろ笑われたいという側面もあるようなのである。

笑えなくなると待っているのは恐怖である

前述の学生は、自分がしたことを自分で抱えられなくなった。「なぜ私は、リモコンを冷蔵庫に入れてしまったんだろう？」との問いは、自分の意識の及ばないところで、私はひょっとしたらもっとすごいことをしているかもしれないとの疑念を連れてくる。私は何かしらの病気なのかもしれない。そう思ったら、自分のことが恐ろしくなってしまう。自分が自分では抱えきれない厄介な存在に思えてくる。まだ若い大学生であれば、気のせいと思い直してしまえば、翌日には忘れているのかもしれない。けれども、筆者のような中年期真っ只中の人間になると、若年性認知症ではないかと真剣に悩まざるを得なくなってくる。大げさかもしれないが、そうした事案と捉えることもできる。これは笑えない事態である。

恐怖とは、自分の力では逃れることができない何らかの法則に支配されていると思わされていると きに生じる感情である。ホラー映画やホラー漫画で私たちは、そうした逃れ難い法則によって恐怖を堪能する。例えば、伊藤潤二の『うずまき』というホラー漫画がある。映画にもなったこの物語の法則はシンプルだ。黒渦高校に通う五島桐絵が巻き込まれるのは、彼女の生まれ育った町、黒渦町に存在するあらゆるものが、突如として渦を巻いた状態に変貌してしまうという怪現象である。荒唐無稽と言えばまったくもって荒唐無稽である。「黒渦高校」や「黒渦町」という名も、その現象をあまりにストレートに明示していて、滑稽味さえ感じさせる。しかし、うずまきへのおかしな偏執性が執拗に描かれると、不気味なリアリティが醸成されてくる。読み進めてゆくと読者は、魔法にかけられたように、物語に据え置かれた異常な法則から、いつの間にか逃れられないような気持ちになっている。虚構だとわかっていても、読者はそのわけのわからない法則に囚われてしまう。すると滑稽味は姿を消し、笑えなくなってくる。

一八世紀の思想家・政治家エドマンド・バークは、恐怖を曖昧さのうちに捉えた。

或る事物が極めて恐しいものであるためには、曖昧さが概して不可欠な要素のように思われる。我々が一旦危険の全容を知ってしまう時には、或いは我々がそれに自分の目を慣らしうるようになる時には、懸念の大部分は消滅する。あらゆる危険の場合に夜の闇がどれほど多く我々の恐れを増大させるか、また誰一人はっきりした観念を描けない幽霊だとか幽鬼とかの概念が、この種の存在に関する民話を信じる人の心をどれほど強く動かすか、を考えてみた人にとってはこの事実は全く明白であろう。（12、64頁）

バークの恐怖論では、怪物や幽霊が怖いのではなく、怪物や幽霊が「はっきりした観念を描けない」から怖いのである。何かある特定の対象が怖いのではなく、対象の捉え難さが怖いのである。捉え難さとは、それを目の前にした者に、そこに今生じている得体の知れぬ何かを逃れ難いと感じさせることだろう。そこでは見る者と対象との間に距離が存在しなくなる。距離さえあれば、恐怖の対象は逆に快の対象へと転換し得るのである。安全だとわかっていれば、ひとは極限まで自分ではコントロールできない恐ろしいものに迫ってみたいと思うものである。ジェットコースターやバンジージャンプに嬉々としてトライしているひとを想像すれば良い。

この恐怖と距離の関係のことで、さらにバークはとても興味深い考察を展開している。「画家がこれらの極めて空想的で恐ろしい観念の明晰な表現を生み出そうと試みた時、彼らはほとんど例外なく失敗したに違いないと私は考える。事実私はこれまで地獄を描いた多くの絵を見るごとに、果して画家は何か滑稽な作品を企てたのではないかという怪訝な気持に打たれたものである」(12、70頁)。例えば、ドイツの画家グリューネヴァルトに『聖アントニウスの誘惑』という一作がある。禁欲的な生活をしていた聖アントニウスのもとに悪魔たちが現れ、彼を脅かし、彼は恐ろしい形相でそれに耐えている。これは、恐怖を描いた絵画かもしれないが、バークの言う通り、恐怖の対象がいささか明晰に描かれ過ぎている。怪物たちは、今の私たちの感性からすれば可愛いと言っても良いくらい恐怖とは対照的な、コミカルな魅力を放っている。曖昧が恐怖なのである。曖昧な対象が明晰に描かれれば、今度は滑稽になる。

このことは、恐怖と滑稽が紙一重であることを告げてはいないだろうか。翻って見れば、ギャグ漫画においても、しばしばある異常な法則が世界を支配している。吉田戦車『ぷりぷり県』では、架空の県出身の男が、県民ならば必ず被っているという頭巾姿で登場し、周囲の失笑を買っている。おかしさは一つ間違えれば恐怖へと転じる。奇妙な頭巾は、他人からすれば異常な法則である。これが滑稽へと転じるには、それが何かしらの明晰さの光に照らされる必要がある。

増田こうすけ『ギャグマンガ日和』に一例をとってみよう。「第252幕　ライトニングクロー」は、敵地に大牙（男）とヌンチャクレディ（女）が向かう。大牙は良かれと思って、ヌンチャクレディの首をトンと叩いて気絶させ、その隙に敵を倒そうとするが、ヌンチャクレディはその好意が信じられない。それでも変わらずトンと叩き続ける大牙に、彼女は「何なの…？　ちょっとこわいんだけど」と不審を隠しきれない。それがギャグになっているのだが、ヌンチャクレディの立場に立ってみれば、大牙の行いは恐怖以外の何ものでもない。良かれと思って大牙のしたことが、「一回整理しよう！　わかんないけど気持ちが安定してないよね？」とヌンチャクレディに批判されたり心配されたりする。そうしたことが一種の異文化接触になっていて（このことについては第二章で詳述する）、おかしい。すなわち、大牙の信念（女の子に危険な思いをさせたくはない、だからここで眠っていて。そ

図1　大牙（男）の行動は、ヌンチャクレディ（女）が「絶対正気じゃないよ」とツッコむことで笑えるものになっている。増田こうすけ『増田こうすけ劇場　ギャグマンガ日和　巻の13』「第252幕　ライトニングクロー」より。©増田こうすけ／集英社

の間に、敵を始末しておくから）が、女性の側から見てあり得ないこと（異常な法則）に映るからおかしいのであり、その異常性に、ヌンチャクレディがいちいちツッコむからおかしいのである。「首をトンと叩く」を何度も繰り返した後で、完全にキレた彼女は言う。

ヌンチャクレディ　頭おかしいよね…？　絶対正気じゃないよ…
大牙　正気じゃある…
ヌンチャクレディ　正気じゃないよ！　ふざけた事言ってるとヌンチャク喰らわすよ？

ツッコミは、曖昧な何か（ヌンチャクレディにとって謎の「トン」）を明晰なもの（「絶対正気じゃないよ」）へと変換させる装置である。恐怖は、ツッコミがないから恐ろしいのである。言い換えれば、笑いには、逃れ難いと思わされているその思考の強張《こわば》りを解く力が備わっているのである。

綾小路きみまろの観客は「笑われる」ためにやって来た

次に考えてみたいのは綾小路きみまろの笑いである。彼の芸と彼の観客との関係には、優越の笑いでは笑ってはならないとするホッブズ流の理屈では決して解けない奇妙な特徴がある。

私は悪口をいっているんじゃないんですよ。批判しているだけです。ねえ、見てください、その豊かな教養。教養がほんとうにありそうな顔をしていらっしゃる。溢れる美貌に、こぼれる脂肪。その取り返しのつかない三段腹。若いときのウエストに戻りたい、夢のまた夢。テレビショッピングで健康器具を買い求め、一生懸命やったのも三日だけ。そのあと二日寝込み、こんな辛い思いをして痩せてみたところで、いまさらお見合いができるわけじゃなく、再婚ができるわけじゃなく、ハァー、なんとか無理しないで痩せる方法はないかしら。友だちに、痩せる下着を紹介され、痩せますと信じた下着でミミズ腫れ。（13、199頁）

満場の客席には、中高年の男女。きみまろは「ねえ、見てください」と彼らの一人を指差すと、彼女の不恰好さを先の文章のような言葉遣いで次々と挙げてゆく。会場は爆笑に包まれる。笑いすぎて、身をくねらせるひともいるくらいだ。けれども、その笑いは、指をさされた一人が「笑われる者」になり、そのほか全員が「笑う者」になったという単純な話ではない。きみまろの「批判」は、会場に集まったすべての観客（中高年）に向けられている。このとき観客は「笑う者」でありながら同時に「笑われる者」でもあるわけだ。観客は安くはないチケットをわざわざ買い、はるばる遠方から仲間と連れ立ってきみまろの前に座り、笑われに来たのである。

観客たちが自分を笑っていると言うのなら、彼らの笑いは自虐の笑いなのだろうか。後に見るように、自虐の笑いは、自分を「笑われる者」に仕立てて、ひとを笑わせる仕掛けの笑いである。きみまろの観客はこれとは違う。彼らは、きみまろに笑われることによって、自分を笑うのである。ならば彼らは被虐的な快楽を楽しんでいるのだろうか。彼らを見ていると、苦虫を噛み潰したような顔で不満そうにしている者もいるにはいるが（おそらく友人に連れられて来たら、こんなことになっていて面食らっているのだろう）、多くの者は、笑われれば笑われるほど、元気になっているように見える。

その理由を筆者はこう考えてみようと思う。観客は、誰もがそうであるように普段であれば「愚かしいとされている自分」＝「自分が理解している自分」という等号を直視することは気が進まないし、そのような自分を素直に愛することも難しい。そのままでは、社会において「不恰好なもの」とみなされる「自分」が、自分とくっつきすぎていて相対化できないからである。きみまろの「批判」は、「愚かしいとされている自分」＝「自分が理解している自分」を多少のカリカチュアとデフォルメを施した状態で観客の前に置く。そうすることで観客は、この「自分」を、他人を見るように距離を置いて眺めることができる。そして、他人の愚かしさを笑うように自分の愚かしさを笑うことができるようになる。またそうやって笑うことで、この「愚かしい自分」を許し、愛せるようになるのである。きみまろは、そうなるように仕組み、観客のために観客を笑ってあげているのである。

ここにあるのは「安全な空間」ではなく「笑いの空間」である。多くの者は「安全な空間」をとくに必要とせず、自分が笑われていることにくよくよしないで、むしろ自分から自分を笑っているのである。「安全な空間」が「出来合いの枠」の暴力に遭遇しないようにひとを保護する代わりに、「笑いの空間」は——きみまろのような巧みな芸によってなら——、「出来合いの枠」の暴力にさして頓着しない、それに囚われない気持ちを観客の心のうちに醸成してしまう。観客はそうして「不恰好なもの）に映りもする「自分」を笑い、愛せるようになるにつれて、「自分」と一定の距離がとれるようになるのである。

不思議な理屈である。しかし、このようなことは、実際に私たちの周りでしょっちゅう起きているのではないだろうか。先に述べた、リモコンを冷蔵庫に入れてしまい、黙っていれば良いものの黙っていられず、妹に自ら失策をメールで告げた学生のことを考えてみよう。彼女にとってみれば、黙って失策を犯した自分と向き合うよりは、誰かとその事実を笑ってしまう方が気が楽なのである。別の教室で授業をしていたとき、優越の理論で笑うことは是か否かと問うと、少数ではあったが何人かから「笑われることで重い心が軽くなる、失敗を重く捉えないようになれる」という趣旨のコメントが出てきた。なぜとさらに聞くと「笑えない状況から離れられるから」という意見だった。「笑えない」とは、自分と失策をした行為（「間抜け」になったこと）とが切り離しえない状況のことではないだろうか。心底同情されてしまうと、自分の「間抜け」がどうしようもなく自分から切り離せないものになってしまう。「笑えない」状況こそ、笑えない（八方塞がりな）のである。むしろ「笑える」状況というのは、笑っても良い、笑えないということを流してしまえる状況であり、そのことがひとの心を軽くするのである。

別の日、ある学生が綾小路きみまろの笑いについて面白いコメントを寄せてくれた。彼女は、もしこれが中高年ではなく若いひとだったら、喜んで笑われるなんてことにはならないのではないか、と言うのである。その裏にあるのは、プライドが高く、その割に自己肯定感が高くない若者の場合、自分のネガティヴな部分を笑いの対象にされたら、それだけで傷ついてしまうに違いないという若者理解だろう。そこでは、自分と自分のネガティヴな部分は切り離し難くくっついており、自分のネガティヴな部分をまるで他人がそれを笑うように自分から切り離して笑うことが難しいのである。そう考えると、「笑われる者」という存在は一枚岩ではなく多様であり、決して笑われたくないという者もいれば、笑われることを厭わないという者もいるし、なかには笑ってもらえないと辛いという者までいるのである。その多様性は、各個人の内面の形に理由が求められるだけではなく、笑いが生まれるその都度の状況（芸人のネタである場合、駅ですっ転んだ場合、望まない仕方で笑われた場合、望む仕方で笑われなかった場合など）にも左右されるであろう。笑いの破裂というのは、「笑う者」と「笑われる者」（ときには「笑わせる者」）との間で起こる、そのときその場限りの生の出来事なのである。これを十把一絡げに、笑ってはいけないとか、笑うのを妨げてはならないと断定することはできない。

「からかい」や「いじり」からわかる芸人と素人の違い

「笑われる者」が一枚岩ではないことを、社会学者の須長史生による『ハゲを生きる　外見と男らしさの社会学』(14) を参照しながらさらに掘り下げてみよう。女性や子供の場合は別として、男性が「ハゲ」というスティグマ（烙印）を背負うことになると、途端に「からかい」の対象になることを須長は考察した。男性は、ポリティカル・コレクトネスの潮流の中では、マジョリティに分類され、強者であるとされる分、ときにつらい目にあう。女性や子供で頭髪が薄いあるいはない場合には、かわいそうな存在と見なされがちであるが、男性の場合だと、配慮しなくてはならないひと扱いされづらく、男性であるという「強者」イメージが彼を悩ませる。つまり「ハゲ」の男性は、一種のダブルバインドの状態に巻き込まれがちなのである。

一方で、彼は「ハゲは恥ずかしい」(A)という暗黙のメッセージに悩まされる。しかし、その一方で、「ハゲを気にしているひとは恥ずかしい」(B)という別の暗黙のメッセージも突きつけられる。すなわち、(A)ゆえに、ハゲを気にせざるを得なくなっているのにもかかわらず、その気持ちは(B)によって否定されてしまうのである。しかし、じゃあ気にしなくて良いのかと思っていると、「お前はハゲだろう?」と暗に口にする攻撃がやっぱりやってくる。「ハゲ」には、どこまで薄ければハゲなのかを明示してくれる基準が存在しない。なぜ恥ずかしいことなのかの理由もはっきりしない。ハゲは「女性にモテない」とは、確認不可能な流言であり、それが盛んに語られるのは、もっぱら女性不在の男性同士のコミュニケーションにおいてである、というのが須長の説である。それなのに「ハゲ」とからかわれ、その一方で気にするなと言われる。なんとも面倒な、八方塞がりの状況に「ハゲ」の男性は身を置いているというのである。

ハゲ男性に対するハゲていない男性からのからかい、たとえば「おい、ハゲ」のような言葉を、須長は「人格テスト」と呼ぶ。ここにも類似したダブルバインドが存在している。からかいは「冗談半分」であるから、真面目に受け取ってはならない。真面目に受け取っては、男がすたる。しかし、くだらないと言ってこれを無視すると、「冗談」がわからないつまらない人間だと決めつけられてしまう。からかわれる方はだから、本気で怒るのでもなく、無視するのでもなく、適当にいなすことが求められる。

須長によれば「おい、ハゲ」の一言には、からかわれる者にとって「人格的な社会的成熟度を試験するような性質」があるというのである。その一方で、からかう方の人間も、それが「冗談半分」の遊びである以上、叩きのめすのが意図ではないのだから、からかわれる人間が本気で怒ったりせぬよう加減を測ったりする成熟が求められるだろう。「おい、ハゲ」という短い一言に端を発する、男性同士のやりとりには、実のところ複雑なコミュニケーションが含有されている。男性たちはこの複雑なやりとりを「自らの男性性を証明し、仲間同士の資格確認を行う意味をもつ重要な儀礼」として取り扱っているというのである。

ところで、須長の本が書かれたのは、一九九九年である。筆者はこの丁寧な論考を読みながら、「からかい」が「仲間同士の資格確認」として機能しているという説は、今日でも通用するものなのか、と疑問を抱いてしまった。それが「からかう者」と「からかわれる者」とのコミュニケーションであったとしても、「仲間」としての意識がそうさせるというのであれば、その関係性は、今日の、とくにSNSで展開されているような、互いに一方的に相手を誹謗中傷する関係性と比べるとはるかに人間的なものに見える。

ラジオで二人の芸人が「いじり」をめぐってトークしているのを聞いていたら、とても興味深い議論が展開されていた。アンガールズの田中卓志は、近年「キモい」といじられるのを得意にしている。それに端を発して、彼が漫才コンビ三四郎の小宮浩信（彼もいわゆるいじられ芸人である）と、「いじり」を受けた場合の対処方法をリスナーから相談されて、あれこれ話していたときだった。

今のこういうの見てて思ったけど、芸人の世界の方がまだ全然生きやすいよね。一般社会って、例えてくるひとも素人じゃん、だからわけわかんないこと言われてんじゃん、そこでうまく返すのって至難の業だし、お金も発生してないから、やる気もないし。（15）

「いじり」という言葉は今人口に膾炙している。最初は芸人の間での言葉として流行したものだろう。芸人同士の「いじり」のパフォーマンスがテレビで何度も放送され、そのやり方が一般人の間の「いじり」へと発展していったのに違いない。しかし、両者のいじりは本質的に種類が異なる。田中がここで指摘しているのは、芸人同士のいじりは、芸人ゆえに例えが的確なので、いじられる方もいじられやすいし、いじられがいがあるのに対して、一般人同士のいじりだと例えが下手なので、何をどういじられているのかがわかりにくい。だから、うまく返せなくても致し方ないのではないかということである。

つまり、第三章で扱う言葉で言い換えれば、芸人たちはそれが遊びだとわかった上でうまく遊ぶ技術を持っており、技術を用いて遊びを的確に遂行するのに対して、一般人は遊びの技術もない上に、それが遊びであることもうまく理解しておらず、みんなが納得する遊びをうまく遂行できないでいるのである。また、いじられ芸人であれば、いじられてもそれに見合った対価が入るのだけれども、一般人同士のいじりでは、いじられてもいじられた側に何ら望ましい対価は支払われない。それはいじられ損である。いじられる者が被るこの損は、一体何のための犠牲なのだろうか。次に、別のリスナーからのメールが読まれた。ここにヒントがある。

根本的な話で申し訳ないのですが、芸人の皆さんの言ういじりは笑いが目的でみんながそこに向かって行きますが、会社や学校でのいじりは単にいじる側のマウント行為というか、力の誇示、それを見た第三者へのアピールなど、必ずしも笑いを目的にしていません。私たちが田中さん、小宮さんのアドバイス通りにやっていても、成功する確率は低いように思います。お二人は今のスキルを持って学校時代に戻り、いじられたとしたら、完璧に返す自信はありますか。(同前)

これはとても鋭い分析である。なるほど、まず芸人同士のいじりの場合には、その目的は「笑い」にある。だから「笑われる者」(芸人)が怒ったり、言い返したりするとしても、そうした振る舞いはすべて「笑わせ」る目的のための応答として行われる。結果として、「笑う者」が笑っているという状態が生まれれば良いのだから、そこでは「笑わせる者」と「笑われる者」は笑いという同じ目的に向かって協働する仲間なのである。それに対して、一般人のいじりの場合、目的が「笑い」というよりも「マウント」にあったりする。「笑わせる者」が「笑われる者」よりも優位な立場にあることを示すことが、いじりを行う主な理由であるためである。そうなるとこの「笑い」はそのための手段という意味合いが濃くなってくる。視点を変えて言えば、「笑う者」は、純粋におかしいから笑うという以上に、いじりを通して「笑わせる者」が示した「優劣関係」を是認するために「笑う」のである。そこには同調圧力が働いており、自ずと嫌味が漂ってくる。

「笑いの空間」が、「笑う者」―「笑われる者」―「笑わせる者」の三者関係の良好なバランスの上に成立することは、なかでも優越の笑いの場合、とても稀である。綾小路きみまろの笑いは稀な例外の一つであろう。「リモコン」の学生も、そうした例外の列に加えて良いだろう。しかし、いとうあさこに投げかけられた「ババァ」を聞いて自分のことと思ってしまい不快に感じる女性ライターのように、また素人の「いじり」の笑いで同調圧力に屈して笑う他なくなるひとのように、しばしば笑いの三者関係はバランスを欠き、気持ちの良い笑いにならなくなる。

良好な笑いの三者関係とは、どのようなものなのだろうか。どうすると、それは成立するのだろうか。

毒蝮三太夫と「快適空間」

『毒蝮三太夫のミュージックプレゼント』は、一九六九年から始まった長寿ラジオ番組である。毒蝮は、毎日のように町の商店街など各所に足を運びながら、その場に集った人々相手に遠慮のないトークを繰り広げてきた。

「おー、相変わらず、もうじき仏壇に入りそうなババアが揃ってるな」

その一言で、もうみんな大笑い。さっそく、近くにいたオバアチャンに、

「オレに会いに来たのか、この熊手の真ん中みたいな顔したババアは」

声をかけられたオバアチャン、嬉しそうに、

「そうよ。マムちゃんに会いに来たの。ほら、20年前もこっち来たでしょ、会ってんの」

「20年前のことなんかおぼえちゃいねぇよ」

この会話で、すでに現場の雰囲気はどんどん盛り上がっていく。(16、14頁)

ポリティカル・コレクトネスの支持者ならば、泡を吹いて倒れそうな悪口のオンパレードである。しかし、誰もがみなこの悪口に会いたくてやってくるのである。綾小路きみまろの芸風にも似た、「笑う者」が同時に「笑われる者」でもあるという笑いだが、毒蝮の「ババア」は、きみまろのネタよりもさらにストレートで忌憚がない。

「ババア」発言のきっかけは、実の母が亡くなった直後の一九七三年にさかのぼるという。母の死の悲しみにくれながらいつものように放送していると、元気のいい高齢女性がいてつい「ウチのオフクロはくたばったってのに、こっちのババアは憎らしいほど元気だよ。なんてババアだ!」と口にしてしまった。抗議は来たものの、放送局との会議で番組は継続させるということになった。その後、批

判を受けたものの、むしろ本音の言葉が聞けて良かったなどの反応もあり、しかも以前より多くの高齢者が集まるようになったという。「本音トークのババアのアイドル毒蝮三太夫」はこうして誕生した。

「ババア」発言は、下町の長屋流コミュニケーションを反映していると、毒蝮は言う。もちろん、ズケズケと言う毒蝮が嫌いというひともいるだろう。「ババア」に乱暴でネガティヴなニュアンスがあることも事実である。けれども「ババア」には「おばあさん」の呼称にはない魅力があるとも言えないだろうか、と毒蝮は考える。「おばあさん」はあたりが優しいが、親しみに乏しく、なんとなく裏があるような言葉である。ときには「偽善臭」さえ感じられるかもしれない。それに比べると「ババア」には裏がなく、その分、相手の心にスッと忍び込むことができる。乱暴なので、心がかき乱されるが、その分、強烈な親近感が湧く。

毒蝮が幼少のころ暮らした下町の長屋では、ご近所づきあいなんて上等なものではなく、「まだ、くたばってねぇのか」が日常の挨拶であった。毒蝮は、こうしたコミュニケーションを「かまい合い」と呼んでいる。「ババア」は毒蝮にとって、蔑む言葉というよりも、相手との心の距離を近づける一つの作法である。しかも、笑顔で親愛の情を示し、上手に相手に甘えて、味方だと思わせることとセットにする。だからこそ、「ババア」は言われたら嬉しい呼び名へと変貌するのである。

毒蝮は、「かまい合い」が成立している場を「快適空間」と名付ける。

温泉で、露天風呂に入ると、みんな、自分が気持ちよくいられる、体がピッタリおさまる岩を探す。それを見つけて、はじめてゆったりと温泉につかるよね。あれといっしょ。

猫なんかも、そうじゃないか。のんびりとひなたぼっこできる、気持ちのいい場所を見つけて、そこでくつろぐ。

オレ、そういうの、「快適空間」て呼んでる。居心地がよくて、そこにいるだけで体も心もリラックスして気分がよくなれる場所。（16、31頁）

「ババア」のような呼び名の使用を禁じることで成立する「安全な空間」とは異なる仕方で、「快適空間」は温泉に浸かるようなリラックスをそこに集う人々に与える。毒蝮の悪口は、意図されたものであり、「笑われる者」が心地よく笑われるようにコーディネートされている。きみまろにも共通することだが、そこには一種のホスピタリティがある。笑われることは、ここでは包摂の機能を果たしている。いじりは相手への攻撃というよりは親しみのニュアンスを帯びているのである。現代社会はこうした「かまい合い」を生み出すことが難しい。とくにSNS以後の情報社会においては、相手への思いやりを反映した言葉は僅かであり、たとえ歯の浮くような優しい言葉が届けられたとしても、受け取る側への親愛の情というよりは、発話者自身の自己慰撫を目的に発せられたと疑わずにはいられない場合が少なくない。「かまい合い」の三者関係が成立するには、信頼が必要である。

ただし、それはあくまでも、「かまい合い」コミュニケーションの範囲を超えるものではない。どこかでその範囲を意識しながら、安易にその距離を侵犯しない、潔い関係を保つべきであると、毒蝮は注意を欠かさない。「また「かまい合い」って言葉を出すんだけど、オレはそのかまい合いの範囲を決して越えるつもりはない。だから、仮にオレと握手したからって、あんたの気が安まるだけで、別に幸せになれるわけじゃないですよ、と諭《さと》す。当たり前だよな、本当の幸せは自分でつかむしかないんだ。世の中の流れも影響してるのかね。一人暮らしの人間が増えて、「かまい合い」がなくなった分、孤独に悩んでいたりすると、もう宗教の教祖様みたいなものにすがりたくなるのかもしれない。自分は考えなくても、そっち側が幸せをワンセットで全部揃えてくれるような錯覚に陥るんだ」（16、183－184頁）。毒蝮の言う「かまい合い」は他人にすがることではなく、自分で自分の幸せをつかもうとするある程度自立した個人と個人でなければ享受し得ないものでもある。

オードリー若林の考える現代的な「いじり合い」

漫才コンビ・オードリーの若林正恭は、築地のそばで生まれ育った東京っ子である。彼もまた、下町コミュニケーションの魅力を知っている芸人である。若林は父親世代の悪口によるコミュニケーションを、こう説明している。

親父は小さな頃から
築地の少年野球のチームに入っていたんです。

親父たちの同世代は大人になってからも、
コーチとしてチームに関わっていて。

そんなに長く連れ添っているのに、
顔を合わすたびに
「おめえ、まだ生きていやがったのか。
早くくたばりやがれ、ハゲ」
「うるせえな、バカ野郎」
って悪口を言い合ったまますれ違う、という
よくわからないやりとりがあって（笑）。
（……）
会って、言い合って、「うるせえな」みたいな。
なんか、言葉遣いは悪かったんですけど、
会うと常にいじり合っていて、
仲良さそうだったりするんですよね。
あんなに悪口言い合っているのに、
夜は仲良さそうに焼き鳥屋とかで

呑んでいたり。(17)

悪口を言い合えるというのは、仲の良い証拠である。しかし、それは無条件に生まれるものではない。お互いを信頼していたり、心を許し、心を通わせたりしているからこそ、悪口はただの悪口ではなくなるのである。若林はそれを「人情」と呼ぶ。「この街で競争や仕事の関係を超えて人間と人間が出会って、血を通わせた関係が生まれる実感みたいなものがあるんです」(18)。考えてみれば、オードリーの漫才にもこの「いじり」と「人情」はにじみ出ていると言えるだろう。漫才の終盤、彼らは決まってこんなやりとりをする。

若林　お前と漫才やってらんないよ
春日　それ本気で言ってんのか
若林　本気で言ってたら、こんなに楽しくやんないだろ
若林・春日　へへへへ！(笑)

信頼があるからこその乱暴な言い合いというよりは、言い合いの背後に隠れている信頼の方を浮き彫りにするやりとりに筆者には映る。厳密に言えば、これは信頼の不安をあらわにした後で、その不安を払拭するパフォーマンスである。その点で、こういうこと言わなくてもわかっているだろうとい

う親父世代のコミュニケーションに比べれば、思い切りが悪い。しかし、あえて言えば、この思い切りの悪さは現代的で合点がいく。互いをからかいふざけ合いながら、最後に二人の仲の良さを見せるオードリーの漫才は、笑いには今何が必要なのかをさらりと指し示しているような気がする。

自虐の笑いの狡猾さと厄介さ

本章の最後に、自虐の笑いについて触れておこう。一般に自虐の笑いというのは、比較的地位の高い者が、比較的地位の低い者を前に、自分の愚かさをあえて披瀝することで、優劣を一時的に逆転させて、自分が笑われることで周囲からの笑いを獲得するものである。常日頃お金に困っているひとが「私お金なくて」と言っても誰も笑わない。それは自己卑下に映るし、不憫で笑えないし、自暴自棄とも捉えられかねない。けれども、誰もが認める金銭的に豊かなひとが、「私の好物はお茶漬けだ」と言うと、ひとは笑うのである。

自虐の笑いは、「笑わせる者」が自ら「笑われる者」になって「笑う者」の笑いを誘うところに特徴がある。ゆえに、自分で自分を低め、相対的に「笑う者」の側を高める。優越の笑いの比較構造を逆手にとって、あえて「笑われる者」になることで、「笑う者」を笑わせてあげるのである。したがってこれには、地位の高いひとが自分の懐の深さを示すために行うパフォーマンスという側面がある。そして、たいていの自虐的な笑いは、笑わせる者が自ら用意した「出来合いの枠」を自分で充てがうので、観客はそのやり口を読み取って笑うのであるが、そのやり口に敏感な者からすれば、それは笑ってあげるという側面を持っている。

すなわち自虐の笑いは、「笑わせる者」が「笑う者」を笑わせてあげているように見えて、「笑う者」が「笑われる者」を笑ってあげているという傾向がある。その点で、「笑う者」にとってやや厄介な笑いである。筆者が大学院生であったころ、頭髪の薄いことをネタにする教授がいた。筆者はその教授を尊敬していたので、頭髪が薄いことぐらいで教授を笑う気にもならないし、そもそも頭髪が薄いことで誰かを笑いたいという欲求もさほど強くなかった。しかし、教授が自分の頭髪を話題にするときには、笑うという選択肢以外、筆者には用意されていなかった。笑うのだが、何となく釈然としない気持ちにもさせられていた。自虐の笑いの構造には、このように「ハゲ」というレッテルをひとは自分に貼り付けるものだという先回りの判断が含まれている。自虐の笑いで笑うことの不快感は、この自分の判断が他人によって先回りされているというところに原因があるだろう。

そういう面もあるとは言え、自虐の笑いでは「笑う者」は相対的に自分を高めることになるので、その状況を好意的に受け取る場合が多い。芸能人でも、有名人でも、先生と呼ばれるひとでも、自分の目の前で「立派な人」が、自分の愚かしさを恥ずかしげもなく披露してくれて、それによって自分たちを笑わせてくれるとしたら、彼らに対して感じていたはずの遠さや高さの感覚が弱められ、私たちはそうした彼らに親しみの情を心に抱くことができる。これは、ホッブズ流の優越の理論を逆手にとった技巧的なコミュニケーション方法である。

またそうすることで、自分を一旦劣位にあるものへと貶めた「笑わせる者」＝「笑われる者」は、むしろ自分の中の「不恰好なもの」との距離がきちんととれている魅力的な人間として評価されるのである。すなわち、そのようなひとは、人間というものは本来、自分を実像よりも優れた者に見せたがるものであるにもかかわらず、そうした自己顕示欲から自由であり、承認欲求に囚われすぎておらず、自分のネガティヴな部分を笑われても傷つかない、強い心の持ち主とみなされる（例えば、すでに見たように、ハゲの男性はそうした「強い男性」か否かのテストを受ける羽目に陥りがちであり、自虐的な振る舞いを期待されがちである）。また自分の優秀さで周囲のものを萎縮させない、控えめで慎ましい、謙遜の意識のあらわれとみなされる。要するに、自虐の笑いは、「笑われる者」の価値を低めるかに見えて、多くの場合、その低める振る舞いによってむしろその者の価値を高め、承認を獲得しやすくするのである。

「被害者意識の文化」が強い社会では、「笑う者」を相対的に高みへ押し上げてくれる自虐の笑いは、「笑う者」に都合が良く、大いにもてはやされている。その一方で、大学院生時代の筆者のように──そのときの筆者は「威厳の文化」を背景にしていたと考えられる──、尊敬する教授を笑いたくないという気持ちでいる者には、自虐の笑いは笑わねばならない圧力として迫ってくる厄介な対象である。

優越の笑いの限界

誰かがすっ転んだ。誰かが自分の何かの特徴で笑いの対象になった。こうした出来事が生じたとき、それがどうして笑えるのか（笑えないのか）を問おうとしたら、単に「笑う者」の中で起こっていることだけでは、また単に「笑われる者」の中で起こっていることだけでは、うまく問えない。ここまでで本書が試みてきたのは、その難しさに向き合うことであった。そして、ここまで進んできてわかったように、うまく問うには、どのような空間がそこに成立しているか、あるいはどのような空間がそこに成立し得ないでいるのか、そこにフォーカスしないといけない、ということであった。笑いが生じた、だからそこには「笑いの空間」が成立しているのだ、という簡単な話ではない、という点が重要である。

優越の笑いは、社会のデリケートな部分を刺激する危うい笑いである。そこに成立したのは「笑いの空間」か、あるいは「差別の空間」か。笑われることで誰かが苦しんでいるとしたら「安全な空間」が必要になるのか。そうであるとしたら「笑いの空間」は不必要なのか。笑われることは、すべて悪しきことなのか。もしそうでないとしたら、「快適空間」はどうすれば生まれるのか。

優越の笑いが危ういのは、一つにそれが架空の優劣の比較に基づいているからであり、また一つに「出来合いの枠」（ステレオタイプ、レッテル）を用いた笑いだからである。「出来合いの枠」のおかしさは、それを充てがわれたひとに劣った存在という烙印を押す。たいていの場合、「出来合いの枠」には社会的なコノテーションが纏わりついてしまい、私たちはそのことにしばしば囚われてしまう。「笑われる者」が烙印を押されることとどう付き合うかで、その囚われから自由になるかどうかで、そこがどんな空間になるのかも決まってくる。優越の笑いの勘所は、「笑われる者」が自分と「出来合いの枠」との距離を「認知の歪み」に陥ることなくいかに設定するかという点にある。とはいえ、いじめを克服するのにいじめられる側のメンタルにその原因を求めるだけでは不充分であるように、この責任を「笑われる者」の心のあり方に押し付けるだけでは不充分であるだろう。芸人たちは経験と技量で、この距離をうまくコーディネートして、「笑われる者」が同時に「笑う者」にもなるような空間を作り上げるのである。また、下町のコミュニケーションのように、「人情」と呼ばれるものに接してきた市井の人々の中にも、そうした経験や技量を有している者がいる。

いずれにしても、優越の笑いの限界とは、社会的コノテーションがべったりとこびり付いた「出来合いの枠」をそのまま用いているところにある。笑いは、社会的通念を利用しながら、(「笑わせる者」がそう狙ってはいないとしても、しばしば)社会的通念が流通するように利用されている。その限界に閉じ込められているとしたら、笑いとは、社会的通念から自由なものではないということになるだろう。しかし、そんなことはない。例えば、私たちには不一致の笑いもある。「出来合いの枠」が外部から押し付けられることを滑稽とするベルクソンの見解は、優越の理論から少し議論が離れる面があった。それは代わりに、次章で扱う「不一致の理論」に接近している。次に、この笑いを考察してみよう。

第二章

不一致の笑い

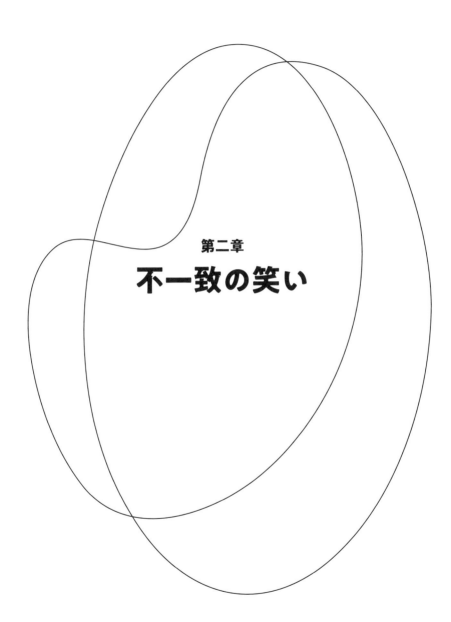

1　不一致の笑いについて

「出来合いの枠」が嵌まる類似のおかしみ

前章で触れたことに、「出来合いの枠」がおかしいのか「出来合いの枠」が外から嵌められることがおかしいのかという問いがあった。ベルクソンは、前者を論じているようで、実は後者についても言及している、ということも記しておいた。あまりに似ている顔が二つあることでおかしくて笑ってしまう。そうした似ていることの反復が引き起こす笑いは、「出来合いの枠」そのもののなせる技ではないか。「出来合い」は英訳すれば「レディ・メイド」である。生命を持ったものが機械の作った既製品のように見えてしまう。一九〇〇年に発表された『笑い』が第二次産業革命の時代を象徴する工場労働とその生産品に接した当時の人々の感性を背景にしていることは、想像に難くない。

> 滑稽な人物とは一つのタイプなのである。逆に言えば、あるタイプに類似しているものは何かしら滑稽である。一人の人間と長いあいだ付き合って、すこしも滑稽なところを見いだせないことがある。しかし、なにかの偶然の結びつきから、その人間にドラマや小説の主人公の有名な名前をつけたとたん、少なくともその一瞬、その人は滑稽すれすれに見えてくる。小説の人物の方は滑稽でなくてもかまわない。ただその人物に似ているというだけでおかしくなるのだ。その人が

自分自身からうっかり外へ出てきてしまったことが、いわば出来合いの枠のなかに嵌りこんでしまったことがおかしいのである。しかし何よりおかしいのは、自分というものを他人が簡単に嵌りこむことができるような枠にしていることであり、自分を性格のなかに凝り固めていることである。（3、123－124頁）

どんなタイプが滑稽なのか以前に、そもそも何かのタイプに似ているということそれ自体が滑稽なのだと、ベルクソンは言う。俗に「あるあるネタ」と呼ばれているもののおかしさとは、これのことではないだろうか。「あるある」とは、相槌の言葉であって、ある何かの言動が、ある何かの典型的な事例と一致すると思われるとき、私たちはそれに向かって「あるある」と言う。優越の笑いの色彩を帯びる場合もあるけれども、前章で触れたような社会的に優れていると評価されがちなタイプ、例えば「女子アナウンサー」だとしても「イケメン」だとしても「天才」だとしても、何かがそれらのタイプをあらわすもので「あるある」と思われたら、それは笑いの対象となるのである。あるあるネタの笑いは、だからある種の「出来合いの枠」を確認する作業だと言えるだろう。あるあるネタは、優越の笑いではない場合もあるにせよ、あくまでも「出来合いの枠」を無反省に利用した笑いであって、「出来合いの枠」の周りで思考は留まったままであり、それを逸脱するような力は何ら発揮されることがない。

ところで、ベルクソンの『笑い』から一七年後、美術家のマルセル・デュシャンは既製品に過ぎな

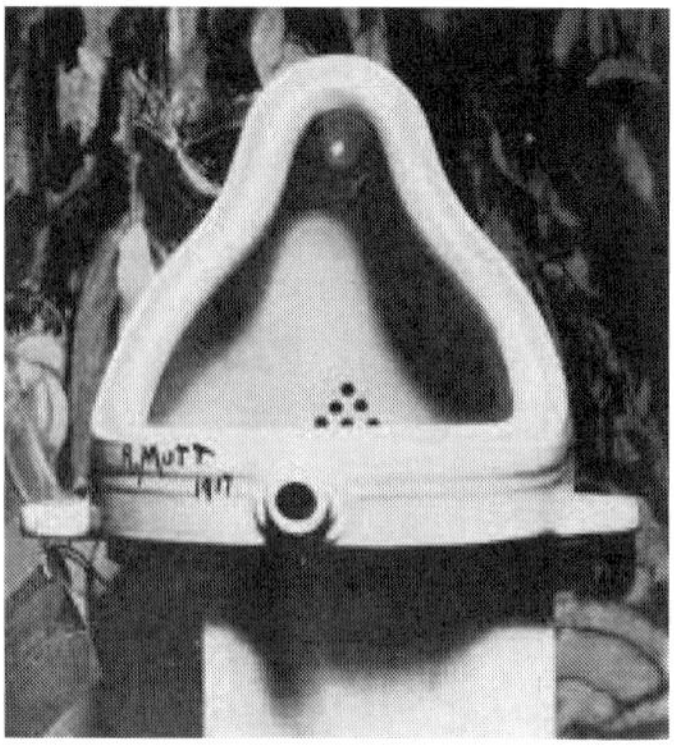

図2　マルセル・デュシャン『泉』(1917)。写真はスティーグリッツによるもの。横に倒した男性用便器にR. Muttというサインと制作年が記されている。©Association Marcel Duchamp/ADAGP, Paris & JASPAR, Tokyo, 2020 G2221

い男性用便器をあたかも作品という「タイプ」であるかのように展示空間に置いた。かの有名な『泉』のことである。今日では、工業生産された既製品が美術作品の構成要素になることは珍しくないが、当時は、猛烈な反発と盛んな議論を巻き起こした。美術作品とは、手の技を駆使したものであり、大量生産される既製品とは対極のものとされていた時代である。手の技を駆使したものは、それぞれに異なる何かとしての個別性がある。既製品にはそうした個別性がない。既製品は、どれも徹底的に似ている。この徹底的に「似ている」ことに、当時の人々は魅了されていたのではないかと想像する。

　便器が美術作品であるわけはない。しかし、さりげなく展示空間に置かれてみれば、便器も美術作品みたいに見えなくもない、か。いや、そう見ているうちに、なんだか便器が美しいものに感じられてきた……そんな風に思考が振り回され出したら、まったくもってデュシャンの思う壺である。それにしても、似ているということの魔力は、常識的には似ているなんてまったく思っていないものとの方が、普段似ていると思っているものよりも強烈である。便器と向き合っているうちに、つい、展示空間だからって突拍子もなく「美術作品」という「出来合いの枠」に便器を嵌め込んで見てしまうことが、おかしいのである。美術館に展示されている男性用便器（レプリカ）は、『泉』と呼ばれて一〇〇年以上経った今でも、そうしたおかしさを鑑賞者に振りまいている。

機知と驚き

一八世紀には、ホッブズのような優越の笑い論に対して、異論を唱える者が出てきた。スコットランド生まれの詩人で哲学者であったジェイムズ・ビーティは「笑いとおかしな構成について」というエッセイで、笑いを不一致のうちに見出した。ビーティによれば、二つのものの笑える組み合わせとは、両者の関係性がある程度不適合的であり、異質的であることをその条件とする。すなわち、一見無関係と思われているもの同士が組み合わされるのでなければ両者の関係性を笑うことはできないのである。これをより明確に言うならば、笑いの原因あるいはその対象となるものとは、組み合わされた二つのものが示す「適合性と不適合性の対立（opposition of suitableness and unsuitableness）」（19、p. 156）なのであり、または「関係と関係の欠如との対立（〔opposition〕of relation and the want of relation）」（同前）なのである。

少し込み入った説明に映るかもしれない。けれども、ビーティによる不一致の笑いの定義は、的確にその事態を捉えていると言える。なるほど、例えば映画『モンスターズ・インク』に登場するサリーとマイクのようなでかちびコンビは、二人が横並びで立っているだけで少しコミカルである。そこには「適合性と不適合性の対立」が、あるいは「関係と関係の欠如との対立」が生じていると言えるだろう。

あるいは、筆者は現在、関東圏の女子大学に勤務しているのだが、非常勤の講師として男女共学の大学で教鞭をとると、若干の戸惑いを覚えることがある。普段教室にいるのは女子学生という思い込みがあるので、いつもの調子で教室の扉を開けて男子学生がいると、それだけで驚いてしまうのである。筆者は小中高と共学校で学んでいたので、男女が同じ教室にいることに昔から馴染みがないわけではない。けれども、女子大学での勤務が一〇年を超えると、慣れとは恐ろしいもので、男子学生が教室にいるだけで不安になり、おかしいような気持ちにもなり、ここが「教室」であることに違和感を抱くようになってしまった。筆者にとってはそうした出来事も「不一致」の状況の一つである。

あるいは執拗に同じ動作を繰り返すことも、不一致の笑いを生み出すことがありそうである。例えば、執拗に同じ言葉を繰り返し発話していると、途中から言葉の意味内容がおぼろげになり、その発話行為の意味が曖昧になり、代わりに何か別の意味を発生させてしまう。そうしたことの延長で、喋っているうちに喋りが歌に変わり動作が踊りに変わってしまうミュージカル（映画）にも、同様のコミカルさが漂うことがあるだろう。

漫才に例を探せば、ボケがバカみたいに大げさに大声でゆっくりと合いの手を入れるだけで、その場にふさわしくない、不釣り合いな感じが出て笑ってしまう、などということがある。ボケがふざける。するとツッコミとボケの行き違い、すれ違い、テンションの違い、意見の相違が際立ってくる。

あれやこれやの不一致は、優越の笑い以上に、今の芸人たちがネタの中で好んで試行錯誤している笑いのポイントになっている。

不一致のおかしさは、比較対象の二つのものの間に普段から適合性あるいは関係性があると思い込んでいる私たちのその思い込みが、急に揺さぶられることで生じる。適合的で関係性があると思われているある集合の外に置かれているものが突然呼び出されて、今その集合の中に押し込められた。普段は起こらない二つのもののおかしな対比が突然始まり、私たちの心は、二つのものの適合と不適合の間をぶらぶら行き来させられるのである。そうした心の状態を引き出すのは、のちに述べるように機知のなせる技である。機知の名に値するには、ジョゼフ・アディソンが言うように、その技に「喜びと驚き」がともなうのでなければならない。驚きは、そこに置かれたあるイメージともう一つのイメージとが簡単には類似しておらず、両者が関連していないと思われれば思われるほど激しくなる。両者が永遠にただ不適合なままであったら、驚きは不可思議か恐怖に変わることだろう。しかし、両者にわずかでもどんなものであっても類似性（適合性）が担保されるならば、そこに喜びが加味されるというわけである。

ビーティは不一致の例として、詩人で諷刺家のサミュエル・バトラーの長編詩『ヒューディブラス』に記された一節を挙げている。そこでは「朝焼け」が唐突に「茹でられたロブスター」と比較されている。一瞥するだけでは両者に一致するところはない。一切似ていないのだけれども、その色彩が〈黒から赤へと変化する〉という点に注目すると、その一点において両者に類似性を認めることが

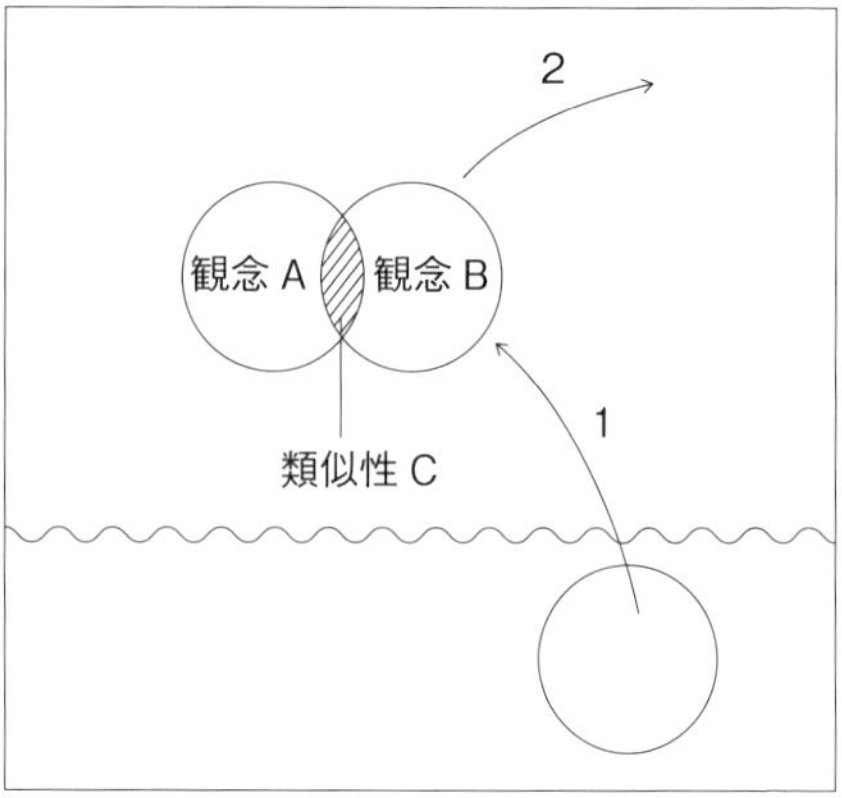

図3　機知は、異なる二つの観念を素早く結びつけるけれども、笑いの目的で用いられる場合、一瞬両者の類似性が戯れに示され（1）、その後で二つの観念は離れてゆく（2）。

できる。

太陽がテティスの膝に頭を埋めて
眠りに落ちて時は久しく
そうしているうちに、朝焼けが、茹でられ
たロブスターのように
黒から赤へと変貌し始めた
（20、154頁、一部筆者改訳）

この詩で起きていることを図示すれば図3のようになる。二つの円、観念Aと観念Bは、両者の類似性を普段誰も意識していない。しかし、AとBの重なるところであるCを誰かが発見すると、AにBが引き当てられ、一瞬その間だけ、類似するものとして扱われる。そもそも誰もが類似性を認識している似たもの同士（例えば「朝焼け」と「夕焼け」）であれば、その類似性をあらためて指摘しても、そのことに何の面白さもない。その一方で「朝焼け」と「茹でられたロブスター」とに何らかの類似性があるなどと、私たちは普段一切思っていない。ところが「黒から赤へと色が変化するもの」という両者に共通の何か（C）をバトラーが見出すと、両者の間にでたらめではない連関が生じ、読み手にもその連関の面白さが伝わり、才知に富んだ優れた詩が一つの形を成すことになる。

ただし、この類似性は暫定的なものに過ぎず、共通の何かが見出されたからといって、「朝焼け」が「ロブスター」と同じカテゴリーに属するものと考えれば、文学的戯れのためならばいざ知らず、それ以外では軽率のそしりを受けることだろう。それだから、ここで起きていることはあくまでも暫定的な関係性の確認であり、「関係」と「関係の欠如」とが常に「対立」状態を保っているのである。AとBに共通する何かが暫定的に示されはするが、その関係はあくまでも暫定的な戯れの状態に留まっている。その対立の間で心は揺さぶられ、そこに「喜びと驚き」が起こり、おかしさが生まれる。

ところで、このAとBに共通するCを見出すことは、日本の伝統芸能で言うならば、なぞかけに似た能力であろう。戯れに「朝焼けとかけまして茹でられたロブスターと解く。その心は、どちらも黒から赤へと変貌します」などと言い換えれば、バトラーの文学はあっという間になぞかけと化す。バトラーと落語家は、「関係と関係の欠如との対立」を創作するという点で、同類のことを行っていると言えそうである。

機知と隠喩

すでに述べたように、AとBを繋ぐCを発見する能力は、西洋の人文学の伝統の中では機知と呼ばれてきた。ジョン・ロックによれば「機知は主に観念を組み合わせることであり、何らかの類似や一致が見出される場合、観念を素速く多様な仕方で結びつけ、そうして愉快な像と空想のなかに心地よい幻影を作り上げるのである」(21、223頁)。そして、機知の力が発揮される場をロックはレトリックに見出している。「隠喩や引喩のなかに、多くの場合、機知の慰めと楽しみはある。(……)なぜなら機知の美は一見して現れるものだからである。そこにどんな真理あるいは理知〔ないし推理〕があるかを検討するのに、思惟の労力を要しないからである」(21、223–224頁)。先のバトラーの例は「茹でられたロブスターのように」とあり、レトリックの種類としては直喩である。直喩にしろ、隠喩にしろ、それらの表現の中で起きているのは、二つの観念を同時に考えることである。「朝焼け」と「ロブスター」は通常は別々のものであり、別々の意味集団に属するものたちである。そうした異なる二つのものが突然、ある一点が類似しているということだけを理由に、思考の中で横並びにされるのである。

しかし、隠喩(比喩)は私たちが対象としているような滑稽さを狙うだけのレトリックではない。むしろレトリック研究を紐解くと、隠喩を滑稽さの観点から捉えているものは僅少である。一八世紀の哲学者フランシス・ハチソンはこの点を鑑みてこのように述べている。

私たちはまた、機知を強引に使用することによって、比較される主題とは相当に異なる種類の主題との類似を引き出すことによって、笑いへと心動かされるのを知っている。真の機知を構成する滑らかで自然な類似の代わりに、強引な類似を引き出すのを知って、私たちは笑ってしまう傾向がある。しかもそれは類似がただ観念においてではなく、語の響きにおいてあるときだけであ

る。そしてこれは語呂合わせの笑いの問題である。(22、pp. 109-110)

文学におけるのと笑いをねらうのとでは、機知を用いる際の強引さが異なるというのは面白い。目的が異なるとも言えるけれども、機知の力の幅を意識させられる見解である。機知には、文学的卓越を示そうとする場合もあれば、爆笑を当て込んで用いられる場合もあるのだ。

隠喩はとくに文学的表現として用いられるとき、そう表現する以外では言い得ない内容を正確に伝える力となると、美学者の佐々木健一は指摘する。「アキレウスは獅子である」という隠喩表現は、「アキレウス」も「獅子」もともに「猛々しい」ことを意味するものであり、その類似によって可能となっている。ただし、これは「死んだ隠喩」であり、慣習的で、両者のいきいきとした連結が起きているとは言い難いが、例えば、と佐々木は「愛の言葉を花束にして捧げる」という倉橋由美子の『大人のための残酷な童話集』からの文章を引いて「この隠喩は正確で豊かな表現である。豊かであるがゆえに正確な表現なのである」(23、231頁)と述べている。

「花束」はここで「愛の言葉」と同じような「贈り物」であり、だからこのように用いられているのだが、ただ説明のために「花束」に代えて「贈り物」を入れてしまう(「愛の言葉を贈り物にして捧げる」にする)と、この文章がそれ自体として持っている意味内容は十分に示せなくなってしまう。というのも、「花束」は単に「贈り物」という意味だけではなく「多くのものを一つに束ねた」という意味も有しており、そのニュアンスが消えてしまうからである。ゆえに「花束」という言葉はここで、説明したい意味内容を伝えるのに正確な選択であり、豊かな意味内容を伝えるのに貢献しているのである。

なるほど文学における隠喩表現には、伝えたい意味内容を正確に伝えようとして語を的確に選択するという側面がある。他方、私たちが論じようとしている滑稽な隠喩の場合、機知は強引に使用されるものであり、ゆえにしばしば刹那的である。しかし、のちに見ていくように、この刹那性こそ、不一致の笑いの魅力なのである。

隠喩のあだ名付け作用と有吉弘行

さらに佐々木は、隠喩の特徴を名付けに見ている。「直喩が「なぞらえる」ものであるのに対して、隠喩は「名付ける」、と言うことができる。そして、最も表現的な隠喩は、その対象や事態を初めて存在にもたらすような、創造的な名付けなのである」(23、219頁)。これもまた滑稽なものというよりは文学における隠喩の仕様を念頭に置いた説明である。「創造的な名付け」として生まれるのは、先に述べたような豊かで正確な隠喩であろう。

とはいえ、文学作品に登場する滑稽な人物に、おかしな「名付け」を実践する者がいる。

俺は自分の兵隊が恥ずかしい。そう思わないなら俺は酢漬けの小魚だ。(24、161頁)

全員？　全員ってのが何人のことか知らねえが、俺が相手にしたのは五十人だ、それが嘘なら俺は束ねたハツカダイコンだ。（24、86頁）

シェイクスピアが創作したキャラクター、大酒飲みで好色で肥満の老騎士フォルスタッフの言動は、実に機知に富んでいる。けれどもなぜ彼が自分を「酢漬けの小魚」と呼ぶのかあるいは「束ねたハツカダイコン」と呼ぶのかは、よくわからない。思いがけないあだ名が本人の口から突然発せられることで、ひとは戸惑い、そして笑ってしまうのである。

少し前のことになるが、有吉弘行が有名人に次々と遠慮のないあだ名を付けるパフォーマンスで笑いを振りまいたことがあった。対象となる人物の性格や外見的特徴を、有吉は精一杯どぎつい言葉で言い表してみせた。和田アキ子に「リズム&暴力」、高橋英樹に「迫り来る顔面」、清原和博に「ベースボールマフィア」、ベッキーには「元気の押し売り」、芦田愛菜には「子供の皮を被った子供」、矢作兼（おぎやはぎ）には「言い訳クソメガネ」、中居正広（当時SMAP）には「ニセSMAP」など、その数は枚挙にいとまがない。

このあだ名付けのパフォーマンスは、有吉の正直さから発せられたものとされている。人前での振る舞いには、建前上の常識的な振る舞いを心がける場合と、悪意や本音を隠さない、その意味で正直な振る舞いの二種類がある。有吉は、建前的な振る舞いからではすくいとれない相手の側面を、正直に振る舞うことで明らかにする。具体的にはこうである。有名人は自分自身をあるイメージに見せかけたいと思って表面上の性格づけに心砕いているものである。それによって視聴者は、ある表面的なイメージを見せられている。そのイメージによって隠れた状態にある有名人の秘められた部分を、有吉は目ざとく見つけ、鋭い言葉で指さすのである。

これは一見極めて攻撃的に見えるが、実のところ相手への思いやりを含んだ行動という側面がある。タレントの小倉優子は、かつてアイドル時代に「こりん星のりんごももか姫」という人物設定を自らに施した。キャリアとともに、その設定を維持するのが難しくなったころ、有吉から「嘘の限界」というあだ名を付けられて、気持ちがとても楽になったと告白している。

また「おしゃべりクソ野郎」と呼ばれて怒りを露わにした品川祐（品川庄司）に対し、ラジオ番組の中で有吉は「それまでいじるところがなかったでしょ、こんなヤツ。「おしゃべりクソ野郎」って発言でいじってもらえるようになったんだから、ほんと感謝しかないでしょ？」（25）とやり込めた。これに品川本人も後日「本当は芸人として喜ばなきゃいけない。おいしいパスだったのに……」と反省の弁を述べている（26）。もちろん、あだ名は、そう呼ばれる者を傷つける可能性があり、有吉も相手を傷つけていることをわかっている。その点であだ名付けの暴力性は、第一章で扱った問題を含んでいるだろう。ただし、ここであだ名を付けられるのが有名人であるという点は重要である。あだ名というものが、そう呼ばれるひとのプロフィールを拡張し、これまで日の当たらなかった可能性を引き出すものであることを知って、有吉はこのパフォーマンスを行っている。有名人にとって、有吉のあだ名とは、自分にとって都合の良い振る舞い方から離れて、視聴者が自分についての認識をこれまでとは別の観点から持つきっかけを与えてくれるものなのである。有吉のあだ名付けは相手への思いやりを含んでいると言うべきだろう。

「品川祐」＝「おしゃべりクソ野郎」

「おしゃべりクソ野郎」というあだ名が外から品川祐にポンッと充てがわれ、それが見事に嵌まったことで、私たちは笑ってしまう。またそれによって私たちの「品川祐」像が更新されてゆく。こう考えてみると、ベルクソンの言う「出来合いの枠」とあだ名は、似てはいるけれども、性質に違いもある。「守銭奴」みたいな社会的に共有されているタイプとは異なり、有吉の付けるあだ名は、よりそのひとの固有性を言いあてようとしている。その点で、あだ名付けとは実に創造的な行為である。

有吉は先に触れたラジオ番組で、松本伊代を「センチメンタルクソババア」と称し、嶋大輔を「チンピラメタボ」と名付けたことが話題となったとき、「みんなそれアドヴァイスなんですよ。みんなにそういう風に思われてますから、直したほうがいいですよっていう助言なんですよ」(25)と、この点を説明している。もちろん、この言い方から透けて見えるのはひねくれ者を演じる有吉の自己弁護のパフォーマンスであり、これ自体が笑いを狙ったものと捉えるべきかもしれない。けれどもこの発言によって明らかなのは、有吉の意識が単に有吉個人の視点ではなく、人々が内心思っていることへ向けられているということである。あだ名とは、そう呼ばれるひとの性格を的確に捉えるものだとして、その性格がそのひとをあらわすものだと、単に有吉一人がではなく多くのひとがそう思っているものでなければ、充分には機能しない。けれども、誰もが同意するがありふれている性格を指すだけではつまらない。誰か（図3のA）にあだ名（同B）を与えようとするならば、両者に類似するもの（同C）を、つまり意外だがそういえばそうだと誰もが納得する繋がりを的確に見出すことのできる、天才的な発見の能力が必要なのである。

その一方で、これが他愛のない遊びであることも忘れてはならない。新しい認識の獲得と言うと身構えてしまうが、それはあくまでも笑いのためになされるものなのであって、どこか荒唐無稽なのであり、そのようなものであってはじめてしかるべき働きを遂行し得るのである。

ものまねは対象へのあだ名付け行為である

ものまね芸もまた、異なるものの間に類似性を発見する機知の能力と関係している。例えば、コロッケのものまねを思い浮かべて欲しい。コロッケの顔が変形する。すると私たちはそこにコロッケとは別の誰かの顔を見てしまう。コロッケの顔が消えてしまうわけではない。ただ、そこにコロッケとは思えない別の誰かが出現するのである。普段は似ているなどと思ったりしない二つの顔が、そこに並存しているのである。

コロッケのものまねの特徴の一つに、ものまねの対象と瓜二つではないという点がある。彼のものまねの多くは必ず似ていない部分を残している。コロッケ自身も「たぶん、本当に似ているのは一〇のうちの二〜三割程度」（27、4頁）と公言している。

おおよそ、ものまね芸には二種類のタイプがある。「本物そっくり！」と観客を唸らせ感動させるタイプと観客を笑わせるためにものまねを用いるタイプである。前者は、元々の顔の造作がものまね対象と似ていて、衣装や化粧や表情を少し付け足すだけで自分とものまね対象との自然な類似性を生み出すことができ、まるで本人が歌っているかのように視聴者に思わせてしまうものまねである。それにひとは賛嘆の声を上げるが、笑わないことも多い。後者に当たるコロッケはそうではない。もちろん驚くほど似ていると思わされることもある。しかし、コロッケの芸は似ていることの感動に留まらず、似ていないことの力によってひとを爆笑させているのである。コロッケ曰く「似ていないんだけれどもなんで似ているんだろうなというところの、ちょっと微妙なところを狙っている」（28）のである。コロッケの顔の中で、似ていること（適合性）と似ていないこと（不適合性）との対立が発生しているのである。

コロッケは、ものまねの本質を「観察」に見ている。「相手の些細《ささい》な仕草や言葉遣いから映像イメージが浮かび、どんどん膨《ふく》らみ、まるで人格を持っているかのように勝手に動き出してしまいます」（27、24頁）。大事なのはものまね対象の「大まかな雰囲気」を摑まえることであるとコロッケは言う。そうしていると「不思議なことに必ず、対象が何か違うものに見えてくるのです」（27、94頁）。

観察は、妄想を引き連れてくる。この妄想は、観察対象からコロッケが独特な仕方でしるしを読みとるさまを明かし示してくれる。「あのオジサンは、カピバラみたいだぞ」「おっ、あの人は三角定規だ」「あらっ、あのサラリーマンは折りたたみ傘《がさ》みたい」（同前）。コロッケが一般のひとを観察しながら行っているのは、顔（や声）が指し示すサインを読み取るという作業である。ものまね対象の顔の中に「カピバラ」が見えてくる。こうした特徴は、目立つ大きな黒子《ほくろ》のように、顔にはっきりと顕在化している場合もあるだろう。けれども多くは、一般のひとの目には見逃されている些細なものである。コロッケは、そのサインを見逃さずに捉える能力に長けている。その上で、そこから妄想を繰り広げ、そして名前を付ける。これは、彼が得意とする芸能人のものまねの場合も同じで、コロッケの目には平井堅を見ると「田中邦衛」が浮かび上がり、河村隆一を見ると「マントヒヒ」が浮かび上がるというのである。

そう考えると、ものまねとは、ものまね対象の特徴を摑み、その特徴にふさわしいあだ名を付ける行為なのではないかと推測したくなる。狂言師の野村萬斎との対話の中で、コロッケはこう述べている。

野村萬斎　テレビを見ているときに、うおっと特徴だけが〔心のうちに〕入って来ちゃうんですか？

コロッケ　それから普通に見れなくなる。もう楽しくてしょうがなくなるんです。堀内孝雄さんは、押す歌は最近歌われていなくて、アリスのころは押す歌が多かったんですけれど、最近は引いて歌ってらっしゃるんですが、引いている中に、何かを「追っかけてる」なって気がしたんですね。僕の中では、あ、「虫を追っかけてる」んだ。そう思った瞬間から、もう堀内さんを見るのが楽しみになってくるんです。（……）
野村萬斎　単に左右カクカク見ているというよりも、「虫を探している」というイメージ転換が、いいですよね。（28）

ものまねのおかしさは、誰か（コロッケ）が誰か（堀内孝雄）を真似ることで、異なる二人の類似と相違がともに見えてしまうところにある。その上でさらにものまねの妙味とは、誰かが別の誰かの特徴を摑まえ、自分の顔や声を使って、実際にその特徴をやってみること、やってみることで、その特徴を指差し、命名することなのである。

そのことを、記号学の用語で説明してみよう。コロッケの顔とはコロッケ本人とは別の誰かの顔を読み取らせるシニフィアン（記号表現）である。そうであるならば、変形した顔の中に見てしまう誰かはそのシニフィエ（記号内容）ということになる。

常日頃から面白いなあと思っていることがある。ものまね番組を見ていると、たいていの場合、ものまねの対象をあらかじめ明言（「これから○○のものまねをします」）してから、芸人はものまねを始めるのである。だから、誰を真似ているのかということ（つまり記号内容・シニフィエ）自体は、観客にとってすでに自明であり、さして重要ではない。ものまね芸で重要なのは、似ているかどうかではなく、どう似ているか（記号表現・シニフィアン）なのである。すなわち、観客にとって注目点は、各ものまね芸人によってものまねの対象がどのように解釈されたのかであり、翻って言えば、私たち観客にどのような顔によって芸人がものまね対象を読み取らせようとしているのか、すなわち芸人が作るシニフィアンの有様なのである。

例えば、ハリウッドザコシショウのものまねは、どれをとっても明らかに似ていない。とはいえ、あらかじめものまねの対象を「古畑任三郎」などと告げてから演技が行われるので、似ておらず、ゆえに誰をものまねの対象にしたかわからない、ということはない。フリップに掲げられている以上、そのシニフィエは「古畑任三郎」のはずなのである。だが、シニフィアン（ハリウッドザコシショウの顔）が「古畑任三郎」の要素をはみ出す余計な過剰さに満ち満ちているせいで、私たちの読みは混乱する。そして、そのように観客の読み取りが混乱すればするほど、そのおかしさは増大してゆくのである。

すでに明らかなように、コロッケの解釈は、他のものまね芸人の誰よりもユニークである。そして、私たちは、そのコロッケの解釈に一度触れてしまうと、彼が真似た対象を、その解釈抜きでは見られなくなってしまう。本物の野口五郎を見ていると、いつかコロッケがものまねとして演じたように鼻クソを食べてしまうのではないかと思ってしまうし、岩崎宏美を見ると、口角が極端に上がったあの顔を思い浮かべてしまう。コロッケは、私たちの日々行う他人の顔の読み取り行為に侵入し、そこにいわばハッキングを仕掛け、今までになかった新しいプログラムを起動させてしまうのである。

清水ミチコのものまねからも、あだ名付けの特徴的な振る舞いを垣間見ることができる。例えば、

図4　パヴェル・チェリチェフ『手と足に変貌する木（かくれんぼのための習作）』(1939)
「隠し絵」の特徴として、一旦、作者が木の中に見出した「手」や「足」に目を奪われると、ただ「木」を見ることは困難になる。

彼女の代表作に「〇〇作曲法」というシリーズがある。「松任谷由実作曲法」の場合、清水は「始めはスローで入るの　少し優しげに聴きやすいように　歌の中身はいつも　ホレたハレたってことを具体的にデコレーション　盛り上がりは突然起こる　コードもいきなり変わりゃＯＬいちころよ……」と歌う。どの言葉も、松任谷由実らしさを指し示すものであり、あだ名付けに他ならない。その他、ピアノの演奏、歌声、また顔の表情を巧みに駆使して、すなわち多方向から「松任谷由実らしい特徴」を実演しては指し示し、他ならぬ松任谷由実らしさというものを浮かび上がらせてゆく。歌詞はもちろんのこと、ピアノ演奏、歌声、顔真似のどの要素も松任谷由実らしさを発見し、あだ名を付ける振る舞いである。そうした「松任谷由実らしさ」があらかじめ私たちに自明なものとしてあるというより、清水によってあだ名が付けられることで初めて「松任谷由実らしさ」は私たちの前にはっきりと顕在化するのである。

　これは、コロッケ本人も言っていることであるが、観客というものは、よほど熱心なファンでもなければ、ものまね対象となる有名芸能人の顔を知っているようで良くは知らないものなのである。だから私たちは、私たちの知っている「五木ひろし」の顔とコロッケの顔の類似性に驚くというよりは、知っていると思い込んでいた「五木ひろし」の顔の中に思いもよらない意外な顔が隠れていたことを知って驚くのである。それはまるで「隠し絵」のように、目の前にありながら、それまでは私たちの目には隠されていた何かが指し示され、一旦、そこにそれがあると知ったからには、それを見ないわけにはいかなくなるというような出来事なのである。

ものまねとは、要するに、芸人が自分の顔や声を用いて、誰かに「あだ名」を付けることである。重要なこと（それで笑ってしまう理由）は、誰かの顔を観察する中で、まだ誰もはっきりとは気づいていないが、後で言われれば確かにそうであるといった「あだ名」をいち早く見つけ出し、それを自分の顔と声で名指しすることなのである。

『IPPONグランプリ』と笑いの記号学

さて、次に大喜利系の笑いを見ていこう。松本人志が大会チェアマンを務める『IPPONグランプリ』は、現代の大喜利大会とでも言うべきテレビ番組であり、お題に答える対戦形式の中、人気のお笑い芸人たちが笑いの一本（IPPON）を競い合う。例えば「写真で一言」というお題がある。そこでは、一〇枚近い写真の中からランダムに選ばれた一枚に対して、芸人たちは瞬時に思いついた「一言」で笑いをとる。

回答者になったお笑い芸人がお題を解くという形式は、一種の「なぞかけ」である。先にも述べたが、比喩（隠喩、直喩など）を含むテキストは、一種のなぞかけとして理解することができる（「茹でられたロブスター」とかけまして「朝焼け」と解く、その心はどちらも「黒から赤へと変化します」）。世界でもっとも有名ななぞかけは、スフィンクスがオイディプスに出題した、このお題かもしれない。

問い　朝には四つ足、昼には二本足、夜には三つ足で歩くものは何か？

この問いには、正解が一つしかない。こう答えないと命を奪われてしまう。

答え　人間

このなぞかけについて、哲学者のアガンベンは次のような記号学的説明を与えている。「このライオスの息子は、謎めいたシニフィアンの背後の隠されたシニフィエを明らかにすることによって、いともたやすく「乙女の残忍な顎が提示した謎」を解き、ただこのことだけで、半人半獣の怪物を深淵に投げ落とした」（29、273頁）。なるほど、すなわちこういうことか。

シニフィアン　朝には四つ足、昼には二本足、夜には三つ足で歩くもの
シニフィエ　人間

シニフィアンとシニフィエは、呼応して一つの記号を構成する。ただしそれは分かち難い一体のものとしてあるとは必ずしも言えない。シニフィアンは、すぐにはわからない隠れたシニフィエを読み取るよう読み手を促す。逆もあるだろう。シニフィエが先に示されているものの、それにふさわしいシニフィアンが隠されているということもある。そう考えると、なぞかけとは、記号学的関係をお題に対する回答という形で完成させてみることである。

『IPPONグランプリ』を例に考えてみよう。「写真で一言」の場合、あらかじめ与えられているのは写真である。これをシニフィアン（記号表現）とみなすならば、芸人が回答する一言は、シニフィエ（記号内容）と呼ぶことができる。他には、定番のお題に、カルタの絵札に合った読み札を考える問題がある。これで言えば絵札はシニフィアンで、回答すべき読み札がシニフィエということになるだろう。

反対に、先にシニフィエが与えられていて、それに応じたシニフィアンを考える、というお題もある。例えば二〇一八年春の『IPPONグランプリ』(30)では「「お姉ちゃんもう恥ずかしいから本当にやめて！」どんな状況？」というお題が出た。それは、この言葉（シニフィエ）にふさわしくそして笑える「お姉ちゃん」像とその「状況」を創作するゲームである。恥ずかしい「お姉ちゃん」のシニフィアンを芸人たちは発明しなくてはならない。ちなみに、麒麟の川島明は「ライダースジャケットばっかり着て!!　近所で何て言われてるか知ってる？　藤岡弘、だよ!?」と答えた。これはIP

PONを獲得したのだが、絵を描いて「ランドセルをセカンドバッグのように持ち、リコーダーを葉巻のようにして行動する（小学生のお姉ちゃん）」を答えたロバートの秋山竜次は、残念ながらIPPONがとれなかった。

ところで、私たちは日々、膨大な記号（言葉のみならず、他人に何かのメッセージを伝えようとする写真や映像表現も記号だし、端的には何を伝えたいのかわからない芸術作品もそれを通して見る者と何らかのやりとりをしている限り、記号という側面がある）を扱いながら他者とコミュニケーションをとり、生活している。それら記号について、あるシニフィアンはそれにふさわしい唯一のシニフィエを受け手に読ませるものだと、私たちは信じがちである。例えば、「ki」という音を聞けば、ひとは話者がただ「木」という意味を伝えたいのだなと思う。とはいえ、「ki」というシニフィアンと「木」というシニフィエとの関係性は、英語を母語にする話者が現れた途端に、崩壊する。「ki」は唯一のシニフィアンではない。「tree」の可能性もあるわけだ。これを記号学では恣意性と言う。だが、確かに、恣意的ではあるものの、私たちは、その音が発せられる背景を意識することで（例えば、話者は日本語を理解する人々に向けて話しているのではないかと推測させることで）、「ki」（シニフィアン）と「木」（シニフィエ）を、それ以外の可能性を考えるまでもなく、当然のこととして結びつけようとする。

一方、『IPPONグランプリ』の場合、そのお題がシニフィアンを示しており、それに相当するシニフィエを回答する場合でも、逆にお題がシニフィエを示していて、それに相当するシニフィアンを回答する場合であっても、シニフィアンとシニフィエの関係は一つではない。スフィンクスの質問の場合だと、正解は一つである。しかし『IPPONグランプリ』のお題には複数の正解があり得る。むしろ、スフィンクスには正解であった「人間」という回答は、これが一般的には正解であるがゆえに、ことお笑いの世界では、これだけは言ってはならない不正解なのである。「人間」という回答にはズレがなく、ゆえに笑えないからである。もちろん、あえてど直球に「人間」と回答することが、お笑いの慣習（掟）からズレることになっておかしい、ということは起こり得るのだが。

『IPPONグランプリ』の「正解」をめぐって

しかし、お笑いの世界で「正解」という言葉が飛び交うことがある。二〇一八年春の『IPPONグランプリ』の「写真で一言」で、麒麟の川島明が回答したときのことだった。ルーレット形式で選ばれた写真は、〈腕で頭を支えるような姿勢をとった乳児が寝そべりながらこちらに微笑みかけている〉といった一枚だった。川島はこれにこう答えた。

それで出産祝いのつもり？

スタジオは爆笑の渦に包まれ、「IPPON」がコールされると、当の川島も満面の笑みでそれに応えた。「写真で一言」は、写真が示唆するシニフィアンにふさわしいシニフィエを言葉にするゲームである。回答者は、一枚の写真に隠れている無数のしるしを巧みに読み取り、取捨選択し、それにぴったりの気の利いた言葉で表現することが求められる。川島は乳児の写真の中でその「微笑」に注目し、そこから「小賢しいことを口にする悪童」を連想した。そして、そのことを指し示すのに、「それで出産祝いのつもり？」との一言を投げかけたのである。その次の回答もうまかった。次は、〈寝そべった黒い子猫が両手を高く上げて伸びをし、舌を出してこちらを見ている〉という写真だった。心なしか悩んだ表情をした直後「ハッ」と顔つきが変わり、「気づいた！」と笑みを浮かべると、川島はこう答えた。

よく来たな佐川急便！

スタジオは再度大いに沸いた。川島は「黒い子猫」から「クロネコヤマトの宅急便」へと連想を広げ、さらに「黒い子猫」がそのライバル（つまり、クロネコヤマトに対しての佐川急便）と対面するというイメージを膨らませ、それを「よく来たな佐川急便！」の一言に仕立て上げ

<table>
<tr><td>シニフィアン(①)
写真
(お題)</td><td>シニフィエ(②)
「よく来たな
佐川急便！」
(回答)</td><td></td></tr>
<tr><td colspan="2">シニフィアン(③)
(写真／「よく来たな佐川急便！」)</td><td>シニフィエ(④)
〈クロネコヤマトの宅急便を
気取る黒い子猫〉</td></tr>
</table>

図5　ロラン・バルトを応用して、より詳細に言えばこうなる。写真が示唆するシニフィアン（①）のシニフィエ（②）（「よく来たな佐川急便！」）には、それらをシニフィアン（③）とするシニフィエ（④）、つまり〈クロネコヤマトの宅急便を気取る黒い子猫〉が暗示されているはずである。言い換えれば、「よく来たな佐川急便！」を聞いて笑うためには、写真の子猫に回答者の川島が〈クロネコヤマトの宅急便を気取る黒い子猫〉を見たと視聴者は読み取る必要がある。

たのである。

ところで「それで出産祝いのつもり?・」と答えた直後、大会チェアマンの松本が漏らした言葉はとても印象的であった。「これはもうほぼ正解でしょう。答えでしょう。これ、次、回って来たらキツイよ」。さらには、まるでこの松本のセリフを聞いていたかのように(しかし、番組構成上、松本の発言は聞いていないはずの)博多大吉がコメントを求められると「(川島含め最初に回答した三人は)すごいですね。写真の正解しか出てこないですもん」と同じく「正解」という言葉を用いて、川島らの回答を讃えたのである。

これらの回答はどのような意味で「正解」なのだろうか。すでに指摘しているように、ある写真(シニフィアン)に対して、ただそれに一般的に合った言葉(シニフィエ)を口にすれば良い(=正解)という単純な話ではない。事実、〈ミツバチの着ぐるみの頭を外し、ボトルの水を飲みながらしゃがみこんでいる男〉の写真に対して、バカリズムが「本当に働きバチ」と答えたのは、まさに誰もがそう想像しそうな、その意味では「正解」の一言であった。しかし、この回答はIPPONをとることができず、バカリズムらしからぬ低評価しか得られなかった。

川島やスピードワゴンの小沢一敬がこの回答に対して口々に「上品」と評していたのは、興味深い。「本当に働きバチ」のような回答が一周回って笑いに繋がることはあるかもしれないが、その点はひとまず置いておこう。この一言は過不足ない「上品」さを有していたとしても、芸人が答えるべき「正解」ではなかった。ここで行われているのは、写真(シニフィアン)を読んで、その記号内容

（シニフィエ）を提示するゲームではあるものの、ただ誰もが写真から読み取れる記号内容を摑んでそれを言葉にするだけでは、このゲームの「正解」にはならない。ここで芸人に課せられているのは、いわゆる「正解」以外のことを言って笑いを取るゲームなのである。「写真で一言」で用いられる写真は周到に精選されているはずで、どの写真からも、汲み尽くし難い多様な意味が読み取れるようになっている。原理上はその汲み尽くし難さから、芸人は自分らしい発想を駆使して、何度でも新たな回答を思いつくことだろう。しかし、彼らは意外性のない、真面目で真っ当な「正解」だけは言ってはならないのである。

それでも松本や博多大吉が「正解」という言い方をしたのは、おそらく次の理由からである。写真に示された微かな（つまり、多くのひとがそこに注目してはいるのだが、そのことについて誰もはっきりとは意識できていないような）しるしにいち早く気づいて、それをネタに使い笑いを取ることができたら、その気づきは、その後に同じ写真をお題として答えなくてはならない他の芸人の読み取りを呪縛し（「隠し絵」が見る者の目を呪縛するように）、それ以外の思いつきを心に抱けなくさせてしまう。それほど「決定的」と周りの人々に思わせてしまう一言がここで言われた「正解」の意味なのである。『ＩＰＰＯＮグランプリ』では、芸人が面白くて笑えるアイディアを競っている。では、何が笑えるのかと言えば、お題の中にあらわれてはいるものの、観客がはっきりとその存在に気づけていない何かを観客に先んじて摑み取り、それを簡潔な言葉や身振りに押し込んだネタである。突拍子もないことを言っているようでもあり、しかし、でたらめではなく、なるほどと納得できるような部分も含んでいる。まさに狙うは「適合性と不適合性の対立」である。そのとんでもなさが驚きではなく不可解さに止《とど》まってしまえば、それは「シュール」な笑いと受け取られるかもしれないが（後にも論じることだが、俗に「シュール」と呼ばれる笑いとは、提示されたシニフィアンに対してどんなシニフィエも適切なものとして当て嵌められないような状況を痙攣的に笑うことである。だから「シュール」な笑いは「意味わかんない」わけである）、『ＩＰＰＯＮグランプリ』のような場で勢いよくＩＰＰＯＮを獲得するようなことにはまずならない。

すると、こうも言えるだろう。私たち観客（「笑う者」）の多くは、お題を読んでもそれに常識的な解釈しか思い浮かべられない、凡庸な人間たちである。だから、笑いを生み出すような驚きの回答を自分たちでは思いつくことができない。そうした私たちの常識的なものの見方に楔を打ち込んでくるのが、面白い回答である。それは、私たちの常識を裏切る。と同時に、私たちの持っているものとは別の視点もあり得ることを、私たちに知らしめてくれるのである。

ナイツの言い間違い

不一致の笑いには、音素が類似しているのに意味はまったく異なるというものがある。典型的な例は、ナイツやサンドウィッチマンが得意とする言い間違いのネタである。そうしたネタを見ていると、意味と音素という二つのレイヤーの間を、観客である私たちの意識が行ったり来たりするのを感じることだろう。「言い間違い」の笑いというやり方は、機知を考える上で特殊な技術ではない。言い間違いを意図的に行うとき、それは（駄）洒落になる。
二〇一一年の『THE MANZAI』（31）で披露されたナイツによる言い間違いのネタを例に挙げてみよう。

塙　三谷幸喜さん脚本の作品が好きなんですけれど
土屋　フジテレビで多いですよね
塙　三谷幸喜さん、脚本を書く力、「脚力」がひとよりもすごくあって
土屋　それはだめだろ、意味変わって来ちゃうから
塙　小さいころから作家を目指していてね〔脚でボールをけるジェスチャー〕
土屋　ジェスチャー、サッカーだろ
塙　練習してたんですね
土屋　脚力活かしているじゃないか
塙　『やっぱり四股が好き』
土屋　『やっぱり猫が好き』だろ　これ以上脚力鍛えなくてもいいだろ
塙　三谷「前期」さんの作品のなかではこれが一番好きですね
土屋　幸喜〔後期〕だろ　最初前期から始まるわけじゃないだろ
塙　その後でね、『振り返ればやくみつる』っていうね

土屋　『〔振り返れば〕奴がいる』だろ　絶対主役あのひとじゃん
塙　おはぐろけんさんが出ていた
土屋　石黒賢だろ　むしろ歯は白いよ
塙　三谷「中期」さんの
土屋　何で段階踏んでんだよ　すぐ後期〔幸喜〕でいいだろ
塙　『王様のリストラ』ってドラマが
土屋　『〔王様の〕レストラン』だよ　〔「リストラ」だと〕ただの政権交代だろ
塙　これは三谷「反抗期」さんのなかでは一番良かった
土屋　何があったんだよ　いい年して反抗期って何があったんだよ

脚本を書く力を「脚力」と言い換えたとき、その後のおかしな展開の予兆は始まっている。つまり、作家の能力が「脚力」（ジークムント・フロイトは機知の技法に短縮や合成があると指摘している）と呼ばれることで、連想は〈文才〉から〈スポーツなどの身体能力〉へずれてゆく。「作家」と口にしながら塙の行うジェスチャーが「サッカー」であったり、『やっぱり猫が好き』（三谷幸喜の作品タイトル）を言い間違えて『やっぱり四股が好き』と言ってしまったり。ここで効いているのは「作家(sakka)」と「サッカー(sakkaa)」あるいは「猫(neko)」と「四股(siko)」のような音素の類似である。これらのように二つの語の音素に重複が見られるからこそ言い間違えが発生している。当たり前だが本当に言い間違えているわけではなく、演出上のものである。この音素上の類似を的確に探し出し並べることによって、ナイツは言い間違いの連鎖を美しく構築してゆくのである。

圧巻なのは、三谷幸喜の「幸喜（koki）」が「後期（koki）」と間違えられることで、ならば三谷「前期」も「中期」もあり得ることになり、さらに「反抗期」だって、と連鎖してゆくところである。「作家」と「サッカー」、「猫」と「四股」にも共通することであるが、これら音素上の一致は、意味上の一致を何ら含んでいないので、連想が突飛ででたらめで、その分、聞き手の想像力が大いに刺激される。思いもよらぬイメージが突然与えられて、心の中が賑やかになる。別のネタで、塙が自分の出来事のように時事ニュースを喋るときも同様のことが起きるが、こうした突然与えられるイメージは、私たち観客の記憶の貯蔵庫を刺激する。

もう一つの特徴として、音素上の類似が引き起こす言い間違いには、普段私たちが意味のレイヤーばかりを意識してひとの話を聞いているところで、突然音素のレイヤーを意識させられるという面白さがある。

会話は、普通、意味のやりとりである。意味のやりとりのために、私たちは言葉を音にして発し、相手の耳に伝え、相手はその音を聞いて意味を受け取る。ただ、この音素のレイヤーを私たちが普段意識することはない。ところがあるとき、例えば、駄洒落になってしまう言葉の連なりを図らずも口に出してしまったとき、話者の方であれ、聞き手の方であれ、そのことについて言及せずにはいられなくなる。私たちは、言葉のコミュニケーションの最中、意味のレイヤーのやりとりをしつつ、同時に音素のレイヤーを聞いている。意味を表現してくれるシニフィアンが際立ってくるとき、例えば、言い間違いをしたとき、私たちは、今まで隠れていた次元へと引き摺り込まれるのである。ナイツは巧みにそこをネタにする。観客は強引に引き寄せられた言葉のイメージに翻弄される。そして同時にまた意味のレイヤーと音素のレイヤーとを行き来させられる。ナイツのネタは、こうした複数の奇想天外な誘導の連鎖によって観客を笑わせるのである。

ラップとお笑い

さて、ナイツら漫才師のやり方と音楽表現の一つであるラップのやり方との間には類同性があるだろう。日本語ラップのクラシックスを一曲（その一部を）取り上げてみよう。

連れてかれた位置に三途の川
誰も死後ろくな名前とかもらわず
影の過激派　地球自由におびやかし中　死亡数10
まさかの技にキャプテン翼もイラつく百点のうまさ
言葉の化学を駆使したＭＣ
地上に降りた最後の戦士
遺伝子が繊細　遺伝した天才

自然の変化　軽く盗る天下
余は満足じゃ　百万石の貫禄　誇る弾力性（Yeah）
向こうにフローが着く間に
そこらWACK MC達　大パニック　（キングギドラ「大掃除」）

ぼんやりしていると聞き逃しそうなところに、遊びが隠されている。「位置（ichi＝1）」「に（ni＝2）」「三（san＝3）」「死後（sigo＝4、5）」「ろく（roku＝6）」「な名（nana＝7）」「派地（hachi＝8）」「球（kyuu＝9）」「自由（jyuu＝10）」といった具合に、数字を一つずつカウントしているのである。さらにそれが「百（hyaku＝100）」「戦（sen＝1,000）」「満（man＝10,000）」「百万（hyakuman＝1,000,000）」と数の増大へと引き継がれる。歌詞の意味のレイヤーとは別に、音素のレイヤーには数のカウントという別の意味の次元が仕込まれていたわけである。これは、先のナイツが「(三谷）幸喜」を「後期」にした上で「前期」「中期」「反抗期」と連想していくやり方と、とてもよく似ている。

そもそもライミング（韻を踏むこと）とは、どのような行為であろうか。それは主として母音を合わせるように、語を並べていくことである。ただし、語尾をそうするだけではなく、連なる複数の母音を揃えることが優れたライミングには求められる。Zeebraはそれを「韻が固い」と呼ぶ。例えば、

ハイテクノロジー　見せつけるモロに
突き刺さるぜ　その錆びた心に
命預けた仲間らと共に
無気力な街　全て一飲み　（Zeebra「Original Rhyme Animal」）

この場合、「ハイテクノロジー」と「モロに」は、語尾の母音「i」が共通するだけではなく、「ノロジー（norozi）」と「モロに（moroni）」とするとわかりやすいが「o-o-i」と、三母音が一致している。さらに続く「心に（kokoroni）」「共に（tomoni）」「一飲み（hitonomi）」もまた「o-o-i」と、三母音の一致が見られる。これは「韻が固い」事例の一つと言えるだろう。

ラップにおけるライミングはしかし、ナイツのように笑いのために用いられているわけではない。例えばZeebraは「韻を踏むとはなにか」という句に「わからないヤツはバカ」と続ける場合には、語尾に母音の一致があるものの、それでは「「魔法」は生まれないんだよね。「か」だけ合わせていいのなら、「か」がつく言葉だったらなんでもいいってことになる。（……）ケツだけ同じ文字の言葉なんてクソいっぱいある。でもそこには運命なんてまったくない。だから説得力がないんだ」（32、121頁）と言う。彼によれば「韻を踏むことによって、初めて言葉と言葉のつながりが出てくる」のであり「韻を踏んで言いたいことを言う。もうその行為自体が説得力を増すためにあると言っていい」（同前）。ここでZeebraが「説得力」と言い「運命」とも呼んでいるのは、語の連なりが、ある種の必然性をともなっていることであり、具体的には、音素上の類似があるもの同士が引き合わされ、分かち難い関係をもって並べられている、ということなのである。音素のレヴェルで「上手いこと言う」ことが、語られている意味のレヴェルを引き締め、力を付与するというのである。

ラップのライミングとは異なり、お笑いの場合に音素上の類似が用いられるのは、それによって滑稽さを生み出そうとするからであり、そのために、たまたまその語が口から漏れてしまったという失策さえ演出するのである。結果として「上手いこと」であっても、その場の出来事としては「変なこと」でなければ、聞き手は笑えない。また、音素上の類似を口から漏らすのは、漫才の中では主にボケ担当である。ボケのセリフなのだから、観客がそれを「上手いこと」だと聞いてしまっては、ボケたことにならないのである。

ライミングを用いるもう一つの理由は、音楽として、曲にリズムや躍動を生み出すためということが挙げられよう。フロウと呼ばれるラップの節回しは、各ラッパーの腕の見せ所であり、個性の示し所である。個性的なフロウを生み出す最大の要因は、ライミングしながらの語の並べ方にあるだろう。

またこの点で考えると、お笑いの場合、ラップという音楽が「フロウ」（流れ）を重視するのとは異なり、音素上の類似は「落ち」を作るために用いられる。滑らかに進んでいくリズムがストンと途切れるとき、笑いは起こる。ラップはむしろ「上手いこと言う」説得力が、流れを作り、音楽的な躍動を生み出すのである。ベルクソンが言っていた対比を用いれば、音楽は優美を志向し、漫才は滑稽さを志向しているのである。

2　「笑いの空間」の成立条件

カントの笑い論

これまで、不一致の笑いのあり方をいくつかの事例とともに見てきた。振り返ってみるに、不一致の笑いを笑うときに私たちの中で起きているのは、私たちがよく知っていると思っているものの中に見知らぬものを見出すことである。見知らぬものが不意に目の前に召喚されるのは、私たちがよく知っているものとの間に何らかの類似性があるとされるからであった。ただし、この類似性は、隠喩的な類似であれ、音素上の類似であれ、戯れの域を脱するものではない。それでも、この戯れにはそれ自体として何ほどかの意味があるのではないだろうか。次に私たちは不一致の笑いを、戯れの中で他者と出会う機会として捉えてみようと思う。

不一致の笑いは、観念と観念との出会いであるのみならず、自分と他者との出会いでもある。そう考えてみるのに、手がかりを与えてくれるのはイマヌエル・カントの笑い論である。

抱腹絶倒の哄笑を起こすべきもののうちには必ず何か不条理なもの（すなわち悟性がそれ自体と

> して満足を覚ええないもの）が存していなければならぬ。笑いとは張りつめられた予期が突如として無に変わることから起こる情緒である。悟性にとって確かにうれしいものではないこの変化こそ、しかも間接的に一瞬間きわめて活発にわれわれをよろこばせるものである。（33、277頁）

私たちが笑うとき、突然「張りつめられた予期」が無に変わるとカントは言う。このことが示唆しているのは、私たちは普段、目の前のものごとに対して「張りつめられた予期」とともに身構えているということである。どうしてこれが「無」へと転化するのか。それは「何か不条理なもの」が現れたからであり、不条理なものが悟性（カント独特の哲学用語であるが、ここでは「常識」とでも理解しておけば良いだろう）に満足を与えないからである。私たちは、不断に目の前のものごとに対して常識の物差しをかざし、身構え、次に起こることを予期している。それを無へと変化させる「何か不条理なもの」が現れる。その変化は不快のはずである。しかし、それが同時に満足を与える。なぜかと言えば、今生じたいわば〈心のずっこけ〉が〈体のずっこけ〉を随伴し、ここで引き起こされた〈体のずっこけ〉が今度は心に作用する。そうして心と体が揺さぶり合い、そのことが疲労とともに私たちを晴れやかな気分にさせるから、というのである。

これが有名なカントの笑いの定義である。この定義の面白いのは、常に常識に依拠して世界を見ている私たちは、思考が固くなっていて、笑いを引き起こす対象が現れることは一面では不快であるものの、思考の固さに揺さぶりをかけてくれるものでもあって、その点で私たちを喜ばせもすると捉えているところである。笑いは、常識というくびきから私たちを（一瞬）解放してくれるものなのである。

笑いのリズム

カントの笑い論が前提にしているのは、笑いを解くにはリズムへの注目が不可欠だという視点である。張りつめられた予期が突如として無に転じる。その笑い論＝リズム論に込められているのは、そもそも私たちは日常的に、不断に予期を続けているということであろう。

極端な例を一つ挙げてみよう。早朝の駅のコンコースでは、大勢のひとが急ぎ足で次に乗る電車のホームへと突き進んでいる。その波をかき分けて、激しい交差を繰り返しながら、ぶつからないように、転ばないように気をつけている。そのようなとき、私たちは周囲のひとの移動に無数の予期を張りめぐらせている。こういうときひとはこうするものだろうという一種の常識に支えられた無数の判断が滑らかな歩行を支える。ベルクソンならば、ここに優美を見てとることだろう。大量のひとの往来の中で、柔軟さと伸縮性が求められる。滑らかな移動（S字のカーヴを象徴とするような）は、そうした不断の張りつめた予期のなせる技である。そして、この予期が突如として失調する。そこに笑いの生じる余地がある。駅での例を続けてみよう。階段を駆け上がりいざ乗ろうとして車両には普段は見かけない屈強な体格の男性たち十何人が待っていて乗り合わせることになったとしたら（ラクビーW杯二〇一九日本大会で実際体験したように）。S字の滑らかなカーヴに突然、切断が生じる。それが笑いのリズムなのである。

さて、芸人がひとを笑わせようとして、予期が無に転じる事態を生もうとしたら、あらかじめ滑らかなS字のカーヴのごとき予期に適った状態を「笑う者」の前に用意することが重要になる。そうするからこそ、見事な不意打ちの切断が生じるのである。芸人は噛んではいけないと言われるのは、そこに関係がある。芸人が噛んでしまうこと、言うべきセリフが流暢に言えなくなってしまうことは、先から述べている切断とは異なる。いや、噛んでしまうことで、ひとは笑うかもしれない。しかし、それは笑われているのであって笑わせているのではない。笑わせようとするのであれば、まずは優美な運動を作る必要がある。それが突如として無に転じてしまう。この二つの連続する出来事が、おかしさを引き出すのである。

しかし、こうした変則的なリズムも存在する。

塙　あと最近では日暮里樹里ちゃんの作品が一番好きなんですよ

土屋　「上野〔樹里〕」だろ　山手線の駅が違うわ

塙　びーたっていうのがね　共演してね

土屋　瑛太だろ　今度はアルファベットが違う（31）

塙が「日暮里樹里」と口にした瞬間、それが一体何をあらわしたものなのか、誰もわからない。矢継ぎ早に土屋が「上野だろ」と言うので、塙の言い間違いが「上野樹里」と言おうとしたものだとわかる。さらに「山手線の駅が違うわ」と言い添えるので、塙の言い間違いが山手線の駅の並びに基づいていると、観客は知ることができる。まず「無」(「日暮里樹里」＝不条理なもの)が置かれる。その後に、それがどのような事柄を言わんとしていたものなのか(「上野樹里」)が示される。予期の段階と不条理なものの出現する段階が、カントの説明とは逆の順番になっているのである。そして、この変則的な順序でのやりとりが繰り返される(塙が「びーた」と言い土屋が「瑛太だろ」と返すなど)ことで、このリズムに観客は次第に慣れてきて、乗れるようになってくるのである。

笑いの中で何か不条理なものと出会う

カントの定義のもう一つ重要なことは、私たちは笑いの現場で「何か不条理なもの」と出会うとする点である。この出会いに関して考察するには、カントが笑いの例に挙げるいくつかの小話を概観するのが良いだろう。

スラートに住むイギリス人の食卓でビール瓶が開けられ、ビールがすっかり泡となって噴き出すのをみたあるインド人は、大変驚いて、盛んに大声を上げた。そこでイギリス人は、「いったいどうしてそんなに驚くことがあるのですか」と問うと、この問いに対してインド人は、「私が不思議なのは、ビールが噴き出すことではなく、あなたがどうしてそれを瓶のなかに閉じ込めるこ

とができたのかということです」と答えた。（34、233頁）

カントのこの小話で予期は無に変化するかもしれないが、ただ無になったのではなく、むしろ予期していたのとは異なる見解が持ち込まれていることに私たちは注目すべきであろう。「何か不条理なもの」とは、ここではインド人のビール観である。それが予期を無にするのであるがそれだけではない。インド人が驚いたことに対して、イギリス人の想定する驚きの理由（回答A）とインド人本人が実際に驚いたこと（回答B）とが対比されているのである。回答Aは「張りつめられた予期」に相当し、回答Bは「何か不条理なもの」に相当する。この二つが出会って、両者のずれが際立ち笑えるのである。とはいえ、残念ながら、これまで大学の講義でこの小話を何十回と読んできたけれども、学生が声を出して笑ったところを、一度も見たことがない。筆者の読み方が悪いのか、カントの語りに工夫が足りないのか。ともあれ、整理するとこうなる。

謎　　インド人はなぜ驚いたのか
回答A　ビールが噴き出したから
回答B　噴き出すほどの量のビールを瓶に閉じ込めることができたのが不思議だったから

重要なのはカントがこの小話の中で、イギリス人に代表される西洋の文明人とインド人に代表される非西洋ないし素朴な人間とを対比させていることである。というのも、カントは他の小話をあげる際「泣き男」なる人物を登場させているのであるが、ここでも類似した対比が作り出されているのである。「ある裕福な親戚の遺産相続人が、故人のために葬式を真に厳粛に執り行おうとするが、それがどうもうまく行かない、と嘆くとする。なぜなら（遺産相続人が言うには）、「私が、悲しみに沈んでいるようにみせようと、泣き男たちに金をやればやるほど、泣き男たちはますます陽気な様子をみせる」からである」（34、234頁）。彼らは、西洋の文明人の常識的な考え方と異なった考え方や振る舞いを私たち（カントとカントが想定している当時の西洋人の読者たち）に指し示す存在である。

日本の漫才になぞらえてみるなら、この小話において彼ら（「インド人」や「泣き男」）は「ボケ」であり、西洋の常識的な文明人はそれに対して「ツッコミ」の側に相当する。インド人がなぜ驚いたのかについて、イギリス人の思い込み（常識）とは異なるインド人の見解が置かれる。それによって、予期は無へと変化するけれども、それと同時に、私たちの常識とは別の（インド人の）常識が現れたわけである。ボケに翻弄され、笑うことでいわばツッコミを返すとして、私たちはこのとき、二つの常識が出会い、重なり合い、衝突し合った現場に身を置いたわけである。ときに笑いとは、こうした異なる常識（他から見たら非常識）の出会う場を生むことになるのである。

ボケとツッコミの対立と協働

翻って考えるならば、漫才二人組が行っているのは、常識の立場と非常識の立場との出会いと衝突のドラマだと言えるだろう。漫才を構成するのはボケ役とツッコミ役である。ボケ役は非常識人である。言い間違えたり、思い違いをしていたり、言ってはいけないとされていることを平然と言ってみたり、常識に照らしてあり得ないことを平気で言う立場である。これに対してツッコミ役は観客と同じ視点に立って、常識の立場を気取っている。「やめなさい」「よしなさい」「アホか」「バカか」と、ボケをたしなめて、ときには叱って、苦笑いの顔を観客に向けるのがツッコミの役割である。

非常識に翻弄されながら、だからと言って、ツッコミはボケを否定しきるわけではない。「アホか」などと言いながらも、少し経てば、相変わらず、ボケのおかしな発言の聞き役に回っている。漫才という場においては、他者の異なる常識を非常識としながらも、そこからツッコミの側であるはずの観客に活力を与えるような運動が展開されるのである。

ボケがいて、ツッコミがいる。これが不一致を際立たせる。常識と非常識が横並びにされ、常識の安定した状態が揺るがされる。ツッコミは一旦は「何言うとんねん」とボケを非難するのだけれども、すぐに元に戻って再びボケの話に耳を傾ける。ツッコミは、実はボケのために存在している。ツッコむことで、いつボケがなされたのか、どんなボケが行われたのかを明らかにするのがツッコミの役目なのである。笑う者は、ツッコミが驚き、呆れたタイミングで笑えば良いのだ。私たちは、ボケがどんな風にボケているのか瞬時にはわからないものである。ツッコミは、笑うところと笑わないところを区別し、観客が笑うべきところをわかりやすくフレーミングしてくれる存在なのである。

ボケは世の中に「異文化」の存在を知らしめる。自分たちの常識とは違う着眼点があることを観客に気づかせる。近年ではコントのネタに顕著なのだが、ボケ役が精神的な障害を抱えているかのような不安定さをあらわにすることさえ試みられている。この世の中の形づくる「異常さ」がそこに垣間見えるように思われるときもある。例えば、かもめんたるのコントには、そうした「異常さ」をむき出しにしたボケのキャラクターが登場する。そのとき、恐怖と滑稽とが薄皮一枚で繋がっていることを私たちは知ることになる。

文明人には素朴な「いたずら者」が潜んでいる

先述のような小話を例に挙げながら、優越の笑いとは異なることを示唆しつつ、笑うときひとの中で起きているのは、次のような出来事であるとカントは述べている。つまり、普段は「偽装術」で言動に文明的な装飾を施して西洋社会に暮らす人間が、ひととき、素朴さをあらわにした人間と出会い、それによって、彼らの考えに触れる瞬間である。「素朴さは、人間性にとって根源的に自然な誠実さが、第二の本性となった偽装術に対抗して発露したものである。ひとは、まだ自分を偽装する術を心得ていない単純さを笑うが、それでもここであの偽装術を挫く自然の単純さを喜ぶのである。ひとは、作為的で美しい仮象を慎重に狙った表現という日常の礼儀作法を期待していた。ところが、見よ。そこにあるのは汚れのない無邪気な自然である。これは、ひとが出会うことをまったく予期していなかったものであり、それを窺わせた当人もまったく思ってはいなかったものである」(34、236－237頁)。

カントはここで、西洋社会の常識的な人間が西洋社会の周縁にいる素朴なひとに出会う場として笑いを考えている。

西洋社会の常識的な人間（私たち）
西洋社会の周縁にいる素朴なひと（彼ら）

予期を無にする「彼ら」の素朴な発言がいわばボケとして機能し、「私たち」は笑う。笑いとは、こうした異なる文化圏にいる者たちが出会う場と考えられる。しかし、それは単なる「私たち」と「彼ら」の出会いではない。引き続き、カントはこう述べている。「美しいが偽りの仮象は、普通われわれの判断のうちできわめて重要であるが、こうした仮象は、この場合、突然無に転化すること、いわばわれわれ自身のうちに潜むいたずら者が暴き出されること、これらは、互いに相反する二つの方向へと向かう心の運動を次々に生み出し、この運動が同時に身体を健康上有益に揺り動かすのである」（34、237頁）。

西洋社会の常識的な人間（私たち）
西洋社会の周縁にいる素朴なひと（彼ら）・「われわれ自身のうちに潜むいたずら者」（私たち）

笑いのうちで起こる「私たち」と「彼ら」との出会いは、「私たち」の内に隠れていた「彼ら」と似ている「いたずら者」の存在が露呈する瞬間でもある。「彼ら」は、「偽装術」で自分を飾っている「私たち」が隠してきた「私たち」のある部分を引き出してくれる存在なのである。

西洋社会の常識的な人間（私たち）／西洋社会の周縁にいる素朴なひと（彼ら）の二項対立は、前章でベルクソンが述べていた中心／中心はずれにたやすく置き換えられてしまうものかもしれない。だが、すでに見たように、「彼ら」とは「私たち」が隠している「私たち」の一部と重なる存在であるとするカントの考えは、そうした固着しがちな二項対立を逃れるための一つの活路となりうるものかもしれない。ボケの突拍子もない発想は、意外であったとしても、それによって理不尽だと怒り出すひとはいないだろう。私たちは、少なくとも笑いの生まれる場においては、ボケの立場に寛容なのである。それどころか、私たちはボケの言い分に乗っかって、そのおかしな発想に身を委ねることさえする。いや、カントにとって笑うとは、ボケの誘うおかしなルートに導かれて、普段は使いそびれている自分たちの内なる「いたずら者」を大いに躍動させることなのである。

ところで今日では、こうした常識的な「私たち」と非常識な「彼ら」といった二項対立が揺らいでしまう笑いも登場している。例えば、濱田祐太郎は、目がほとんど見えない立場からネタを繰り出す。それは「私たち」（ここでは健常者が「私たち」に相当する）に、今まで知らずにいた目の見えない「彼ら」の視点を与えてくれるばかりか、「私たち」の考えこそ偏見が含まれた非常識である可能性を気づかせてくれる。

盲学校って変わっているところが多くて、盲学校の生徒ってさっきも言いましたが、全員目が悪いんです。教室に黒板あったんです。いや、見えへんて。おばちゃんが俺に向かって、兄ちゃんも目見えてないといろいろ覚えないとあかんやろ？　大変やな、点字とか手話とかって。俺手話は覚えへん。修学旅行で北海道に行くと。北海道に行ったときに何をするかの話し合いをするときに、盲学校の生徒って全員目が悪いんですけど、生徒に向かって先生が「札幌ドームに野球を見に行きます」。えーっ。あの先生はっきり言うたやん。「見に行きます」って。俺びっくりしすぎて、見えへんけど、先生のこと二度見しましたから。（35、優勝ネタの一部）

目の見えているひとたちが目の見えないひとをめぐって当然そうであろうと考えることには誤解が含まれている。この状況を、濱田は笑いにする。そこでは聞き手（マジョリティは健常者）の側の思い込みが「ボケ」に位置付けられ、濱田によってツッコミが入れられるという反転が起こっている。すると、それまで聞き手の常識であったことは相対化され、笑いの対象にされる。あるいは盲学校の教員が修学旅行のコースとして生徒たちに野球観戦を提案したというエピソードでは、盲学校の教員に潜む欲望の素朴な有様さえもあぶり出される。健常者の言動は常識の位置から外され、濱田のツッコミの餌食となって、格好のボケ（非常識）とみなされるのである。そのとき「私たち」は自ずと、

「笑わせる者」である濱田によって「笑われる者」となりつつ、「笑う者」となるのである。

カントの小話を振り返ってみても、「インド人」や「泣き男」の非常識な発言や振る舞いは、しかし、別の角度から見れば、それなりに道理にかなったものでもあろう。カントの時代は措くとしても、多様性を尊重する今日の社会では、誰が常識的で誰が非常識的であるのかは、必ずしも一定ではない。誰かの言動を「ボケ」とみなす言動こそ偏狭さを露呈した「ボケ」に見えることもある。予期が転じて無になるというカントの考えからすると、「私たち」の予期を構成する常識の形が揺らぐと、笑いをとることは難しくなるのではないだろうか。ただし、笑いに貪欲な人間は、そうした一定の常識を設定することの難しさを私たちの常識として意識することで、それを笑いに活用しさえするだろう。

シュルレアリスムから見た対話

ところで、一〇〇年ほど前、フランスの詩人アンドレ・ブルトンは、ひととひととが出会い対話を行うとしたら、せいぜいこの医者と精神病患者のような状態になる他ないであろうと言った。

「何歳ですか、あなたは?」――「あなたです。」(反響性言語模倣症)
「あなたのお名前は?」――「四十五軒の家です。」(ガンゼル朦朧症、またはちぐはぐな応答の症状)(36、62頁)

　ブルトンは続けてこう言った。「多少ともこのような混乱のおこらない会話というものはまったく存在しない。会話をとりしきる社交性への努力や、そのために私たちの身についているごたいそうな習慣だけが、こうした混乱を一時的に隠しおおせるのである」(同前)。私たちは他人と対話ができていると思っているけれども、ただ混乱状態のやりとりを隠してごまかして、相手の考えが自分なりにわかっていると思い込んでいるだけではないのか。対話なるものを成立させている社交性や習慣とやらを取り外した途端、私たちを待っているのは、ただただ奇妙な現実ではないのか。こうしたブルトンの見解は、今日の私たちにとって必ずしも不慣れなものではないだろう。他人とは理解不能な、無尽蔵の謎である。そうした思いは、SNS以降の私たちのコミュニケーションの中では、むしろありふれたものではないだろうか。この世は実に、シュルレアリスム的なコミュニケーションに溢れている。

　ブルトンが「シュルレアリスム」と名付けた芸術運動は、理性の規制を取り外したときにあらわれる現実（超現実）のあり方を私たちに指し示す。例えば、ルネ・マグリットの絵画を思い起こしてみよう。どの作品のどのイメージをとっても、私たちの予期は裏切られ、意味は宙吊りにされてしまう。画面上部に晴れた空が描かれているかと思えば、その下部では電灯の灯る暗い夜の世界が広がっている。ブルトンが「デペイズマン」と呼んだ、ものやイメージを通常とは別の場所に置き換える詐術は、驚きや不安を見る者に与えつつ、想像力を強く刺激する。シュルレアリスムは、何かと何かを出会わせる。けれども、機知がそうするように、類似を仲立ちにするというよりも、過度な強引さで二つのものを置き換えたり、並置したりする。

こうして生まれる奇妙さの感触は、それが始まって一〇〇年ほど経った今となっては、ある程度見慣れたものとなってしまっている。美術史学者のマシュー・ゲールはこう言う。

無関係な対象同士の結びつきから得られる根本的な奇妙さはいまや広告の日常言語になり、「超現実的な」という言葉はなにか予想外のものや、しばしばユーモラスなものと同等視されるようになっている。(37、8頁)

近年、あらゆる事象が「シュール」と呼称されるのを目にする。機知が発見し提示するような類似性を見出し得ない、不可思議な状況が生まれたとき、私たちはそれを「シュール」と呼ぶのだろう。私たちはそこで起きた笑いそびれを笑うのであり、笑えない状態を笑うのである。シュルレアリスムの芸術作品たちを前にすると、それらが笑いを目的に作られているのではないとわかりつつも、私たちはしばしば失笑を禁じ得なくなる。「シュール」はその痙攣的な笑いの一般化という側面がある。

シュルレアリスムと直接繋がりのある作家ではないのだが、筆者の敬愛する美術家にクレス・オルデンバーグがいる。ポップアートの文脈で語られることの多いオルデンバーグは、ハンバーガーやケーキといった食品、コンセントや扇風機といった日用品あるいは衣類や寝具などをモチーフに、それらを本物よりも巨大にしたり、本物とは異なる素材に置き換えたりする。ソフト・スカルプチャーと称される一風変わった彫刻群を見て欲しい。例えば、『ジャイアント・ソフト・ドラム・セット』（一九六七年）はどうだろう。硬質な素材でできているはずのドラム・セットが、たれぱんだみたいにくたっとしている。よく見知っている日常の品々がビニールや布で作られているのを目にすると、私たちの体は思わず脱力してしまう。脱力とともに笑いがこぼれてしまう。

こうした試みを通して、ものに生命のイリュージョンを与えようとしたのだ、とオルデンバーグはその狙いを明かしている。確かに、ソフト化することで、へなっと頼りなく重力に負けて潰れたものたちに、私たちは「どうしたの？」とツッコミを入れたくなる。これは、アニメーションやキャラクターグッズなどによくあらわれるものの擬人化と言うよりは、ものの生き物化と見るべきであろう。さらには、生き物としての官能性までそこから感じ取れはしないだろうかとまで彼は言う。柔らかい素材を用いた袋状の何かに置き換えるというアイディアによって、ありふれたものたちは、私たちがその対象に常日頃触れているときには思いもよらなかった側面を私たちに示してくるようになるのである。お笑いとは異なり芸術は、笑いという終点／目的に歩みを止めることなく、笑えなくなる地点にまでも突き進んで、未知の出会いを私たちに体験させようとするのである。

フロイトは無意味の中に解放という意味を見た

唐突だが、バカリズムに「都道府県の持ちかた」と呼ばれるネタがある。彼お得意のフリップネタである（本にもなっている）。都道府県の中の一つがフリップに丁寧に描かれている。これが一枚目。それをめくると、二枚目には腕が一本描かれてあり、その都道府県を握っている。都道府県を手で持つという奇想天外なネタは、もちろん他愛もない戯れに過ぎない。けれども「都道府県を持つ」という発想が一旦観客の前に置かれてしまうと、いかに自分たちが普段「地図は地図である」という常識に囚われているかに気づかされる。そして「都道府県を持つ」という常識とは別の視点が一旦与えられれば、バカリズムの世界観に乗せられ、自ずと「この県の出っ張り具合からしたらどう握ると良いだろうか」と考えてしまっている自分に気づく。

カントの言うような笑いが発生するとき、「笑う者」のうちで二つの出来事が起こっていると言えるだろう。一つは常識からの解放であり、もう一つは、他者（隠れていたもう一つの自分）の考えとの出会いである。これに類似した考察を、フロイトがしている。フロイトは「無意味の中の意味」という表現を用いて、機知の効果をこう説明している。

機知を条件づけている確固たる二点、つまり快感にみちた遊びを遂行しようとする傾向とそれを理性の批判から守ろうとする努力とは、なにゆえに一々の機知がある見方からすれば無意味と思われるのに、他の見方からすれば意味のある、あるいは少なくとも許されるものと見えねばならないかを直ちに明らかにする。（……）機知の心因の教えたところによれば、機知の快感は言葉による遊戯から、あるいは無意味の解放から生ずるのであり、機知の意味はただこの快感を批判

による廃棄から守ることにのみあるのである。（38、337－338頁）

フロイトは機知を理性と対比する。理性が自我に課してくる抑止、抑圧の力に対し、機知の遊戯は自我にとって対抗手段となる。機知が生み出す無意味な言葉の戯れは、理性による抑止、抑圧への抵抗として、また無意味の解放として機能する。そうであるならば、機知の働きには意味がある。これがフロイトの主張である。

先にも挙げたナイツの漫才（31）でこの点について考えてみよう。

塙　〔話題がフジテレビのドラマ『ひとつ屋根の下』になり〕「チイ兄ちゃん」、その妹の「小雪」って役名で出ていた女優さん、元アイドルだった、あのひとぼく好きだったんですけどね、まさかあんなことになるとはね

土屋　まさかそこに触れるとは思わなかった

塙　まあ〔今出演中の番組『THE MANZAI』は〕生放送ですからね　ちょっと「ピー」（の音）入れますけどね、のり「ピー」

土屋　そこだけ「ピー」音入れたって意味ねえからおまえ

塙　またドラマのヘロインとしても活躍

土屋　「ヒロイン」だろ。そこ一番ピー入れなきゃいけないところだろ

これは、無意味の意味を解明するのにうってつけの事例ではないだろうか。このネタが上演されたころ、元アイドルで女優の酒井法子に言及することは、テレビの中でタブー化していた。ナイツはそのことを巧みに活用した。「のりピー（noripii）」と塙が叫ぶとき、その音の後半が放送禁止の音声を消す「ピー（pii）」音としても聞こえる。その意味では、この発話は理性による抑圧の遂行に加担するものである。ただし、その音を発することが同時に、酒井法子のニックネームである「のりピー」を発話することにもなる。「のりピー」というテレビ番組の中では言ってはならないと抑圧されていた言葉を、塙が「言わないようにする」ことで「言ってしまう」このくだりは、爆笑を獲得した。そして、その爆笑の度合いからも推し量ることができるように、このくだりは理性の力を発揮させるかに見えて排除することとなり、無意味の解放を見事に実現したのである。

フロイトは、無意味の解放をとくに子供の内に見ている。子供は意味のレイヤーに拘束されることなく、音素のレイヤーで言葉遊びに夢中になれる。韻が与える快感に夢中になっている時期が過ぎると、ひとは次第にそうした快感を妨げる力に抗しきれなくなる。「子供はその遊びを利用して批判的な理性の圧迫から逃れようとしているのである。しかしながら、教育において正しい思考、現実における真偽の区別という方向で拡大されざるをえない諸制約は、はるかに強力である」（38、333頁）。機知は、理性の批判的な力をすり抜けて、無意味の解放へと私たちを誘う。漫才におけるボケ役とは、ここで言う子供の役割を担う存在なのかもしれない。ボケ役は、私たちが普段囚われている理性的な力を一旦キャンセルさせてしまう。そして、常識とは異なる何かを常識と引き合わせ、常識を一瞬失効させ、無意味を解放させる。そのとき、私たちの中に潜んでいた「いたずら者」が暴れ出すのである。

3　「笑わせる者」と「笑う者」とのすれ違い

松本人志の優越感

「笑わせる者」の仕事は、ひとを笑わせることにある。当たり前である。しかし、この当たり前がうまく機能しなくなることがある。もちろん、ネタがつまらなければ、笑わせる／笑うしかるべき関係が築けない。そうでなくとも、「笑わせる者」のネタが十分に「笑う者」のもとに届かず、狙った笑いがうまくとれないとき、あるいはネタの内容とは別のところでひとが笑ってしまうとき、笑わせる／笑う関係は失調し、両者の意識のずれが露呈してしまう。「笑えない」状況を生む一つのシチュエーションとして、「笑わせる者」と「笑う者」との関係が不成立なまま終わる状態を挙げることができるだろう。

松本人志が書いた著作を読むと、松本の中に客に対してかなり複雑な、ねじれた感情が渦巻いているのを知ることができる。例えば、お笑い芸人としての仕事の喜びを、松本がこう語るときである。

どんな美人だろうが、男前だろうが、職業も、性別も、年齢も、なんにも関係なく、笑ってるときはみんな無防備で、アホみたいな顔してる。その無防備な顔を見られる優越感というか、嬉しさというか。(39、196頁)

ひとの無防備な顔を見ることに優越を感じるとは、前章で優越の笑いを考察してきた私たちからすれば、客を見下す気持ちが松本の内にあることの証左と思ってしまう。このような感情は、芸人ならば誰もが抱いているものなのだろうか。「笑わせる者」にとって、観客という「笑う者」は自分の笑いを理解してくれる大切な仲間である。しかし同時に、自分の仕掛けた笑いでまんまと笑ってしまう愚かなターゲットでもある。そう考えると、両者の関係は簡単ではない部分がある。かつて松本はあからさまな形で観客を批判し、嫌悪の情をあらわにすることがあった。

〔以前は〕ごっつ笑ってたのに〔今は〕おもんないと〔観客が〕感じたとすれば、ごっつ笑うてたときにお前ら〔観客〕が違うところで笑ってたのか、お前らが違うところに意識向いてしまったのかしかない。〔対話相手の高須光聖の相槌が入る〕ほんまや、関係あらへんもん。だって絶対に茶の間より俺らの方がおもろいに決まってんのやから。お前らにどうこう言われる……、この仕事つらいな。自分らより下の人間に評価される仕事でしょ。キツイで。(40)

お笑いとは、観客が笑ってはじめてその価値が定まるものである。笑わせる側の芸人がいくら巧みに工夫したとしても、その工夫に観客が気づき、面白がらなければ、意味がない。笑いのレヴェルが自分たちより低い観客に面白いかどうかをジャッジされることも当然起こる。そうした状況への絶望が、松本の「キツイで」にあらわれている。相方浜田雅功のエッセイ本『がんさく』にも、この「キツイで」に関連することが詳細に語られている。松本も浜田も告白していることだが、初舞台から数年の間、ダウンタウンは観客に一切受けない時期を経験している。土日ならば若い観客のいる劇場も、平日となると団体のおじいさんやおばあさんが中心になる。彼らに、ダウンタウンの笑いは理解されなかった。また最初に彼らが評価されることになった新人賞（第三回今宮こどもえびす新人漫才コンクール福笑い大賞）のときも審査員に「いとし・こいしみたいでおもろい」と言われ、その筋違いの賞賛に二人はがっかりしている。人気が急に高まると、今度はダウンタウンが舞台に登場するだけで観客は大受けするようになった。しかし、自分たちのネタを聞いてもらえていない、理解してもらえていないという意味で、それはかつておじいさんやおばあさん相手にまったく受けていなかった時期と同じことであった。ギャーギャーと騒ぐが、観客は結局、何も聞いていない。浜田はこの状況を憂い、こう読者に投げかける。

だいたいお客サンにしても、〝こいつら世間一般からおもろいとされてるから、何いうても笑ろてまうわ〟というのでは、レベル低過ぎると思いません!? 偉そうないい方やけど、笑う以上、笑う側もまたレベル気にして欲しい、感性を磨いて欲しいし、勉強もして欲しいんです。そうやっていっしょになってやってくれへんかったら、芸人はホンマ、ダメになってしまいますよ。(41、152－153頁)

「笑わせる者」のレヴェルに合った観客が存在しない限り、笑いは笑いとして成立しない。何を笑えば良いのかわからないまま笑う客が相手では、芸人は自分たちの芸を生かせず、才能を根絶やしにしてしまう。こうした危惧は、お笑い芸人の世界に限ったことではない。先に機知の笑いとの類似性を検討したラップの世界でも、同様の問題があるようだ。Zeebraは、ラップを志す初心者たちにこう諭している。

ものスゴい莫大な量の音楽を聴いたり、莫大な量の文献を読んだりしないと、俺らと同じKnowledge(知識)は一生手に入らない。たとえ一生手に入らないとしても、そのぐらいの心構えでいてほしい。

ヒップホップのおもしろいところって、「フリースタイルダンジョン」のなかでも出てくるんだけれど、「二〇一X年のUMBで晋平太が言ったラインを引用している」とか、そういうのでみんな盛り上がるわけよ。でもその元ネタを知らないと盛り上がれないよね。サンプリング・ネタに関しても同じこと。

元ネタを知っているから楽しいっていうのが、ヒップホップの楽しみ方として大きい。(32、210頁)

笑いのレヴェルを支えるもの

それでは、笑いのレヴェルとは、具体的には何なのだろうか。おおよそ二つのポイントが指摘できる(そして、おそらく、このことは「芸人」を「ラッパー」に入れ替えればラップにも該当するであろう)。

芸人が取り上げた言葉の意味がわかること　　知識のレヴェル
芸人が発揮した機知の才がわかること　　想像力のレヴェル

まず知識のレヴェルについてだが、先述したナイツのネタで「三谷幸喜」「やくみつる」「石黒賢」を知らなければ、「三谷反抗期」「振り返ればやくみつる」「おはぐろけん」が言い間違えだと理解できず、何かおかしな言葉が出てきたくらいのことしかわからない。とくにこのネタは「トレンディドラマ」と呼ばれたフジテレビ黄金期のテレビドラマのタイトルが数多く用いられており、その時代に生まれていない(あるいは幼少期だった)世代には理解が難しいものになっている。大学の講義でこれを取り上げると、学生たちがあまりうまく笑えないでいるのが感じられる。このネタはたまたま

「トレンディドラマ」に着目しているけれども、ナイツのネタはその他にも野球の話題など、多くのひとにとってマニアックと思われるようなテーマがしばしば使われる。

ただし、そのことがあるからなのか、ナイツは一方で時事的な話題を取り上げることも多い。時事ネタであれば、「笑う者」の側が知識を共有していると前提しやすい。彼らの言い間違いネタの出発点である「ヤホーで調べました」も、時事的な話題を用いる巧みな仕掛けである。

誰もが知っている言葉ばかりでは、意外性が乏しくなる。結果として、中途半端なボケになってしまう。だからと言って、極めてマニアックな言葉を口にすれば、誰も知らないという事態を招き、この場合も笑いが生まれにくい。多くのひとの記憶の貯蔵庫にあるものでありながら、今それを想起することは驚きをともなう、そうした観念を的確に見つけ、ネタに反映するのでなければならない。

知識のレヴェルは、以前から機知の笑いの難点となっていただろうが、かつてに比べて今日では一層甚だしく「笑えない」ことの元凶になっている。現代の社会は、大量の情報が瞬時にやりとりされている社会である。しかも、大量の情報は、各自の興味や生き方に合わせて振り分けられる仕組みの中で、その送受信が行われている。フィルターバブルという言葉がある。これは、ユーザーの所在地や検索履歴などプライベートな情報をもとに、各ユーザーが見たいだろうと思われる情報を選択し、また見たくないと推定される情報は遮断して、情報をユーザーに届けるという仕組みが生み出す現象のことである。テレビのニュースは、ほぼ全国で同じ情報が放送され、視聴者は同じ情報を共有することになる。しかし、インターネット環境での情報摂取の場合、こうした「フィルター」越しになるので、自ずと情報は偏る。しかし、当の本人は、その偏りに気づくことができない。そうであるならば、常識というものは成り立ちにくい。

不一致の笑いは、突拍子もなく、意外な情報を受け取り手に渡して、笑いを生み出す。それが笑えるためには、常識も知っていて、非常識（の側の常識）にもある程度の理解がなければならない。つまり、「笑う者」には、それ相応の教養が求められるということである。しかし、ある常識が成り立つためにはその常識を常識であると考える一定数の人々の集団が想定されなくてはならない。そうした集団を観客のうちにイメージできなければ、一致も不一致もない。それが今とても難しくなっている。

意外な情報が取り上げられ、その突拍子もない事態をまさにそれとして客が受容するためには、もう一つの想像力のレヴェルも重要である。自分の笑いは、自分の発想を受け止めて「聞いてから、それをいっぺん頭の中に描いてはじめて笑える」（39、197頁）笑いである、と言いながら松本は、想像力を発揮することが観客の役割であると考える。そこでは、頭の中に描く力が必要であると同時に、何を頭に描くべきであるのかがわかる知識の力も必要である。私たちは、今、インターネットの影響力の下、各自各様の情報を大量に摂取している。それぞれはそれぞれの興味の分野で高度な教養を得ているかもしれない。しかし、そうであればそれだけ、異なる分野に関心のある者との教養の差は甚だしくなっているだろう。中高年世代と若者世代の隔たりは当然のことながら、若者世代と言っても一枚岩ではなく、各自各様の関心の中に閉じている。そうした状況にあるのだから、多様な情報を横断しつつも、客をひとまとめにして大爆笑を引き起こすことは、そう簡単なことではない。

機知の笑いに必要な想像力なしでも笑える――ダウンタウンの事例

日本の芸人たちは、こうした問題にどう対応してきたのだろうか。松本人志は、先に記したような辛辣な言葉を観客に投げかけている一方で、松本独自の高度な笑いにひたすらこだわった結果自己閉塞に陥るということなく、むしろ大衆的な人気を大いに獲得してきた。そこには、ツッコミの浜田との巧みな役割分担があるようだ。


僕の笑いは、ちょっと先に行きすぎているところがあるかもしれない。

僕の笑いの本質は、前にも書いたけど、想像力に訴える笑いだ。聞いてから、それをいっぺん頭の中に描いてはじめて笑えるという性質のものが多い。

だから頭の中で絵を描けない人にとって、僕はおもしろくない芸人ということになる。それはもうしょうがないことだと、自分自身でも思ってる。

そうはいっても僕の場合コンビだから、ちょっとわかりにくいところがあっても、浜田が補助してくれる。

浜田のツッコミで、ようやくそのおもしろさが客に伝わるという部分があると思う。

「はあっ？　お前、アタマ沸いてんとちゃうか？」

みたいな浜田のツッコミで。

僕の話を聞いて、すぐにおもしろさがわかった客も、「なんやようわけのわからんこといってるなあ」という客も、そのツッコミで同じように安心して笑える。

いってみれば、浜田は僕の笑いの通訳みたいな役も果たしてくれているのだ。

もしも浜田がいなくて、僕一人だったらもっとマニアックな笑いになっただろうか？（39、197―198頁）

松本はここで、浜田のツッコミが果たしているのは自分の笑いを大衆が理解できるようにする翻訳機能であると説明している。しかし、事柄を詳細に検討してみるならば、それは少し違うと言わざるを得ない。浜田のツッコミ（「はあっ？　お前、アタマ沸いてんとちゃうか？」）で笑う客は、松本らしい想像力が発揮されたおかしなイメージを松本と共有して笑っているのではない。イメージを伝わりやすく翻訳しているというよりも、ここでの浜田の仕事は、客が自分の想像力を発揮せずとも、浜田のツッコミによって松本を「おかしなひと」（「アタマ沸いてるひと」）だと思わせ、そのレヴェルで客が笑えるように仕向けることなのである。

つまり、客席には、松本の発想したイメージを自分の頭に描いて笑う客と、それはできないけれども松本をおかしなひとだとみなす浜田のツッコミで笑う客の二種類がいる。ダウンタウンは、その両方を相手にできているわけである。このようにしてダウンタウンは、機知で笑えないひとが疎外されてしまう状況を回避している。浜田のツッコミは自転車の補助輪のようなもので、本当に自転車を漕いでいるわけではないと非難する者もいるかもしれない。けれども、視点を変えれば、自転車を漕げない(機知で笑えない)ひとを包摂して、彼らに笑うチャンスを与えてあげていると見ることもできる。

機知の笑いに必要な言葉の知識なしでも笑える——ナイツの事例

ナイツは、機知の笑いに必要な言葉の知識を観客が有していない場合でも、問題なく笑えるアイディアを考案している。その一つは土屋のツッコミである。よく知られていることだが、土屋のツッコミは二段構えになっていて、一段目のいわゆるツッコミの後、塙のボケを説明するセリフが二段目として繰り出される。リズムの変則化を可能にすると先に述べたが、それだけではなく、土屋の説明セリフは、理解に必要な情報を知らない客でも笑える装置なのである。先に挙げたネタの「幸喜(後期)だろ 最初前期から始まるわけじゃないだろ」や「『(振り返れば)奴がいる』だろ 絶対主役のひとじゃん」のところなどは、まさにそうした例であり、ツッコミの後に土屋はさりげなくボケの説明をしているのである。「最初前期から始まるわけじゃないだろ」と言われれば、「幸喜」を「後期」と勘違いしてしまったからこそ塙が「三谷前期」と言い間違えたというネタの構造がはっきりするし、これならば仮に「三谷幸喜」という名前と彼の経歴を知らなくてもとりあえず笑うことができる。

こうしたナイツの定番のやり方とは異なる独自の笑える仕掛けが施されたネタを見てみよう。「寿限無」（42）というネタは「もうやめよ、やめて、やめて。もうしんどいわこの話！　ずっとなんかこう渋い選手の話ばかりでさ、全然みんな興味湧かないし、それで最後下ネタなんて最低だよ」と、土屋がツッコんでからの最後の三分、圧巻の展開が待っている。

冒頭から執拗に話題を野球の話になぞらえる塙に業を煮やし、「ならばどうぞ試しに話したいだけ野球の話を」と土屋が折れると、案の定、塙の話は野球通にしかわからない野球史の専門的な話題にひたすら集中する。「（……）九六年、覚えてます？　広島が途中までぶっちぎりの首位でね、一一・五ゲーム差が最大で離されていたんですよ、ジャイアンツが。僕ジャイアンツのファンだから応援していたんですけれどね。一〇ゲーム以上離れるとね、普通は逆転できないって言われているんですよ。一〇ゲームってどのくらいの差かと言うと、相手が一〇連敗して、こっちが一〇連勝しないと追いつかない差ですからね（……）」といった感じで、塙は野球に詳しくない観客を無視して、マニアックな知識を披瀝し続ける。当然観客は引いてしまう。観客に同調するようにしまいに土屋は怒り出し、このままだと落語家さんたちが最後に用意するサゲがないままこの話は終わってしまう、と塙に迫る。

これは実は振りである。塙は落語といえば「寿限無」と言い出し、寿限無の名前を思い出そうとする。すると、塙の口から出てくる文言によって、先ほどまで塙が語っていた「野球の話」は「寿限無の名前」とすべて関連していることが明らかになる。土屋は落語「寿限無」の文句を並べながらツッこんでゆく。

〈塙のボケセリフ〉
一〇ゲーム、一〇ゲーム
後藤の振り逃げ
ジャイアンツ球場毎週末フライ捕る、オーライよ
ピンチのところに角盈男
（……）

〈土屋のツッコミセリフ〉
寿限無、寿限無
五劫の擦り切れ
海砂利水魚の水行末雲来末風来末
食う寝るところに住むところ

退屈な野球の話は、そこで使われた文言のほとんどすべてが「寿限無」を召喚する伏線であった。このことに気づくと、それまでとは打って変わり、観客は爆笑し始める。ここで爆笑するのに野球史の知識は必要がない。あの長い話はすべて伏線であり、そういう意味があったのだとわかれば、誰でも笑うことができる。

とても評判の高いこのネタは、俗に伏線の回収と言われる形式をとっている。ただし、筆者にとってこのネタが興味深いのは、単にその回収のうまさではなく、日本野球史という非常に限定された知識を用いたものでありながら、実際はその知識が一切なくても笑える構造になっているところである。その単調な前半の五分は、その後の寿限無を笑うための条件となる知識の習得に必須な時間であ

った。普通であれば、笑うのに必須の知識であるから事前に知っておくようにと観客に任されてしまう部分であるが、ナイツはその知識を自ら用意し、芸人と観客との分断が生じてしまいかねない知識の差をある程度埋めておいた上で、最後のオチへ向かうのである。これは実に、驚くべき発明である。

ともに笑うことが不可能な関係

ダウンタウンとナイツを例に、漫才を行う側と比べて知識や想像力に乏しい観客が笑えなくなることを回避する仕組みを考察してみた。そこから透けてくるのは、「笑わせる者」と「笑う者」との非対称的な関係性である。

「笑わせる者」は自分の機知では笑わない、とフロイトは言う。その代わりに、「笑う者」を笑わせることで、「笑わせる者」は笑わない自分の不満足を充足させるというのである。「笑わせる者」と「笑う者」とは、そうした非対称的な関係を生きている。そうであるとすれば、笑わせる／笑う関係がうまく回っているうちは両者の仲は良好であるとしても、ダウンタウンの二人が口にしているように、ひとたびその関係が崩れれば、途端に敵対的になり、いがみ合ったり、憎み合ったりするかもしれない。

ところで、フロイトが言うのとは異なり、松本人志のコントを見ていると、演者たちが突然、笑いを堪えきれなくなって顔を背けたり、演技の表情を崩したりしてしまうことがある。彼らが笑う瞬間、短い間だが彼らは「笑わせる者」から「笑う者」に変容する。普通ならば、笑ってはならない側の彼らが我慢できずに笑ってしまうのは、彼らのなすおかしさが彼らの笑いのレヴェルに合った、笑えるものだからであろう。このとき、彼ら「笑わせる者」と私たち「笑う者」は一緒に笑い合っている。そう考えたくなる。そうかもしれない。けれども、どこか微妙なところで、すれ違いが起こっているような気もする。浜田は「ダウンタウンの中にはかつてのボクらの仲間のガキの日々が生き続けてる」(41、98頁)と言う。ダウンタウンの笑いには、松本と浜田が「ガキ」のころに仲間たちを笑わせていたおかしさが残っていると言うのである。彼らの笑いのレヴェルはつねにそこにあるのかもしれない。そして、その限り、彼らの仲間ではない私たちは、本来は笑うべきではない「招かれざる客」の位置から、彼らのネタを笑う他ないのかもしれない。

「笑いの缶詰」が代わりに笑ってくれる

もちろん、高度なおかしさがわかるお笑いファンも存在しており、彼らの知識や想像力が、知的で独創的なお笑いの世界を支えていることは事実であろう。ただし、テレビ番組を通してお笑いに親しんでいる私たちの多くは、「招かれざる客」の位置からお笑いの世界と触れ合っていると見るべきである。そうした「笑う者」(=笑えない者)のことを、一風変わったアイテムを媒介にしてもう少し考えてみたい。

アメリカの音響技師チャールズ・ダグラスは、一九五〇年代に「ラフ・ボックス(the laff box)」という装置を開発した。これは、いくつかの異なる笑い声と拍手がボタン一つで再生されるシステムである。テレビ放送が開始されて間もないころ、ラジオがそうであったように、スタジオに観客を入れた状態でドラマやバラエティを製作することで、ライヴの臨場感を生み出そうとした。しかし、実際の観客というものは、しかるべき笑いのタイミングを外してしまったり、笑い声が過度に長続きしてしまったりなどして、体裁の整った番組作りには不向きなところがあった。そこでダグラスは、すでに録音ずみの笑い声や拍手の音をちょうど良いときに映像に追加するというアイディアを思いついた。「笑いの缶詰（canned laughter）」や「偽の笑い」と呼ばれる、録音された笑い声を挿入する技術の誕生である。

今日の日本のテレビ番組でも、こうした効果音が多用されているのは周知のとおりである。また近年では「ワイプ」と称される小さい画面もよく活用されている。メイン画面の片隅に挿入された小さい画面の中では、スタジオの芸人やタレントたちが映っており、彼らはメインの画面で展開されている出来事を見ている。彼らはしばしばやや大げさな表情や身振りでリアクションを行い、メインの画面で起きていることを説明したり解釈したりする。「笑いの缶詰」も「ワイプ」も、視聴者に調子の良いリアクションとはどのようなものかを指示してくれる。それらの声や表情は「ここで笑うんですよ」「ここは驚くんですよ」などと言ってくれているようなものである。ダグラスが考えたように、実際の観客は笑いのタイミングがわかっていないことがある。映像に、笑い声という合図が付加されることで、視聴者は容易に笑うべきタイミングを知り、それに合わせて笑うことで、間違いなく笑うことができる。

　こうした技術は、この笑いのツボはどこにあるのか、この笑いはなにゆえに面白いのかをとりあえず私たちが考えずにすむようにしてくれるという効果をともなっている。笑い声と一緒に笑っていれば、そこで起きているおかしいことに、とりあえず参加できるというわけである。この技術は、素材の映像をさらに一層面白くするものであり、それは映像をさらに「気持ち良くする（sweetening）」ものである。この気持ち良さには、笑いのツボを教えることで私たちがそれ以上考えなくて良いようにする、という意味合いも含まれているのだろう。

　哲学者のスラヴォイ・ジジェクは「笑いの缶詰」のこうした側面を非常に興味深いと言う。「というのも、笑いは義務であって自発的な感情ではないという逆説を含んでいるからだ」（43、57頁）。笑いは、おかしいから自ずと生まれる自発的なもののようでいて、実のところ、どこがおかしいかを（はっきりと言葉で明示するかは別としても）的確に把握しなければ笑えないものでもある。先に述べたように、笑いにはレヴェルがある。おかしさは私たちに、そのおかしみがわかるかと問うてくる。おかしみに触れた私たちにはこれに答える義務が生じる。「笑いの缶詰」は、そのプレッシャーを軽減してくれるというわけである。

　そう言えば子供のころ、怪訝な表情を浮かべた父親から「お前はこのギャグの意味をわかって笑っているのか？」と聞かれたのを覚えている。『THE MANZAI』が大人気だった一九八〇年代のはじめ、多分、ツービートの毒舌の漫才か何かを家族で見ていたときだった。子供の知らない人名が列挙されたり、ギャグに独特の角度がついていたり、その上早口でまくしたてもするビートたけしのおかしさは、小学生の筆者にわかるはずがなかった。それでも子供なりにはツービートの面白さがわかっているつもりでいた。けれども真相は、芸人が変なことを言い、客席から笑いが起こるという一連のリズムにつられて、爆笑していただけなのだ。自分が父親になってそのことが良くわかる。筆者の息子（小学四年生）は、何がおかしいのかがわからないのは明らかなのに、でも、実にタイミングよく、テレビの中の芸人に爆笑し続けている。それを見て、やはりそうだったのか、と膝を打ってしまう。

ところでジジェクは、「笑いの缶詰」にもう一つの解釈を与えている。「たぶん唯一の正しい答えはこうだ——テレビ受像機の中に具現化された「他者」がわれわれの代わりに笑ってくれ、われわれを笑いの義務から解放してくれているのだ。だから、たとえ朝から晩まで下らない仕事をし、疲れ果てて帰宅して、深夜までぼけっとテレビを見ていたとしても、後になってこう言うことができるのだ——客観的にみれば、他者を媒介として、本当に楽しい時を過ごすことができた、と」（同前）。私たちが欲しているのは、おかしくて笑うこと以上に、笑えるという気分であり、痛快なリズムが続いている楽しい雰囲気なのかもしれない。「笑いの缶詰」は、私たちに笑いの勘所を教えてくれるだけではなく、私たちの代わりに笑うという仕事もしてくれるのである。一人暮らしで暗い部屋に帰って来ると、真っ先にテレビをつける。テレビのバラエティ番組は賑やかで、それだけで部屋の中が楽しい気分になり、心がほっとしてくる。バラエティ番組とは、そうした私たちの楽しさのために存在しているのではないか。

ネタ番組で見せる優れた技量を持て余しながら、芸人たちが条件反射的にその場にちょうど良いふざけたことを口にすると、周りのタレントが機転をきかせて、しかし可もなく不可もない合いの手を入れる（もちろんそれが「笑いの缶詰」などの技術的演出の場合もある）。「天丼」や「フリオチ」や「伏線回収」といった技術が形骸化し、それらをそつなく遂行することが良きこととされる。芸人たちやタレントたちが、面白おかしく話を回すという業務を生真面目にこなす「バラエティ系会社のサラリーマン」のように見えてくる。そうした約束事だけで作られたおかしさは、さしておかしくはない。けれども、調子の良い雰囲気と笑える気分を視聴者に振りまくという目的は十分に果たしている。

視聴者は、こうした雰囲気と気分を欲してテレビをつけるのだろう。これの気持ち良さに慣れてしまえば、難解なおかしさなんてなんら魅力的ではなくなるだろう。つまり、「楽しいこと」と「おかしいこと」とはいつも共存しているわけではない。「楽しいこと」を欲している者にとって、「おかしいこと」が余計に思われることもある。例えば、適度な調子の良さだけを許容するテレビの中では、奇をてらった、エキセントリックなおかしさは雰囲気を乱す危険な存在に映る。ここにあるべき「楽しい」雰囲気がテレビの「掟」となって、テレビの作り手や視聴者を支配する。仮にそれが別の視点からは空疎な（おかしくない）ものに見えるとしても、私たちは生真面目に、この「掟」の履行に囚われるのである。

大学で笑いに関する授業をしていると、わかりやすさこそが笑いにとって重要と考えている学生たちが結構多いことに気がつく。リズミカルで調子の良い「楽しい」やりとりこそが理想的なのであって、それを阻害するものは（仮におかしさであっても）悪であるという意識は、若者のみならず日本社会に広く蔓延している。意味不明なノイズは忌み嫌われ、波風の立たないスムーズな状態こそが望ましいとされる。技巧的な不一致は想定される範囲内であれば歓迎されるが、それ以上の尖ったおかしさは求めない。こうした価値観は、テレビ番組だけではなく、ユーチューバーの動画を見ていても感じられるところである。

ともかくも私たちは、笑える気分に感染し、それに満たされたいと欲しているのである。

明石家さんまはお笑いで「ボール回し」をする

伊集院光がラジオ番組の中で明石家さんまを絶賛したことがあった。ドラマの宣伝を兼ねて『踊る！　さんま御殿!!』に俳優たちが出演したときのことである。

「共演者の不思議なところ」とかいうテーマだったと思う。（……）一人の若手俳優さんが、「吹越満さんがズボンを中途半端に下ろしているときがあるが、あれは何だ」という話をしている最中に、（……）吹越さんは笑いのことわかっているひとだと思うけれど、ちょっとお笑い同士のキャッチボールでは考えられない、「あれ、俺、腰痛でコルセットしているから」と〔本当のこと言っちゃうのね〕。ありえないじゃん。（……）なにそれめちゃくちゃなやつ。そこから先の明石家さんまの仕切りが〔すごくて〕、「なにこのゾーン台無しにしてんねん」から始まって、「それはみんなが疑問を抱いて「見た？　見た？」って全員に振って、さんまさんがここまで話すチャンスのなかった誰さんにも振り、謎が高まったところで実際に〔吹越本人に〕聞いて、「なんだそれか」じゃん」ていう、この思ったままを〔さんまは〕全部ぶっちゃけて。一人ずつに「どう思った？」って振り始めるわけ。（……）勘の良いひとは、なるほどこの中で面白いものが思いつかなかったら、むしろ「腰痛でコルセット」って重ねるってあるはずだって学習して、その場で「コルセットが」ってギャグ続けるわけ。三人目まで「コルセットが」と続いて、四人目くらいでまだその学習ができていない綾瀬はるかちゃんあたりが、「わかんない」って言い出して、「いやここはコルセットだろ」みたいなこと延々とやるんだ。(44)

こうしたさんまお得意のやりとりを、伊集院はサッカーをイメージしながら「ボール回し」と呼んだ。誰一人お笑い芸人がいないスタジオで、さんまは即興的に、その場でルール（お約束）を作り、全員に履行させてしまう。さんまに振られた（ボールをパスされた）ひとは、ルールの存在に気づいてルールに沿ったことをしても笑い（ゴール）がとれるし、「わかんない」と言ってあたふたしても笑い（ゴール）がとれる。ボール回しが見事決まるのもおかしいし、パスがうまく回せないのもおかしい。「ボール回し」とは「掟」というものを逆手にとった笑いである。「掟」を保持できたこともできなかったこともおかしいと思わせる。普通は、うまくパスが回せなければ失敗でしかないのだが、さんまの前では失敗も成功の素となってしまう。恐るべきことに、ここには笑えない要素がないのである。

かつては芸人たちの内緒事であったお約束なるものの存在を知っているから、あるいは芸人たちが知らしめ私たちにとって当たり前のものにしたから、私たちはこうしたさんまの芸で笑えるのだろう。だからと言って、さんま抜きでこの「ボール回し」が成立することなどほとんどないだろう。さんまの天才的な采配が、この稀有な状況を生み出しているのである。

ただし、この芸は「掟」を覆すことはしない。あくまでも「掟」に翻弄されるひとたちを笑う芸である。しかし、約束事が「掟」化している状況で、掟を無視する、掟に頓着しない、掟に抗う笑いというものもあり得るはずである。またそこに現れる笑いの気分というものは、これまで論じてきたものとは一味違うものになるはずである。次章で私たちが考察するユーモアの笑いとは、それである。

第三章

ユーモアの笑い

1　ユーモアと気分の感染

笑いと気分の感染

落語家が舞台に現れた。

一段高くなった壇上に登りちょこんと座ると、ゆっくりとお辞儀をした。観客は彼に向けて期待の拍手を送る。顔がゆっくりと上がる。するともう落語家は落語家の顔になっている。そのときの表情を見て観客は次第に、安らぐような気分になってゆく。

漫才やコントの場合でもそうした気分はその場を包んでいるものだが、落語家はただ一人で観客と向き合わなければならず、責任は重大である。落語家本人から発せられる人間的な魅力がその場を支えている。この気分が生まれないと、そこに「笑いの空間」は成立しない。セリフ回しやジェスチャーの技量も経験も必要だろう。でも、それだけでは不充分なのであり、技量や経験を積んでいくうちに培われた人間的な力が、観客をやさしく「笑いの空間」へと導いてゆくのである。それが一時的でかりそめの「芸人」としての人格だとしても、私たちは彼の中に漂う一貫した気分を感じ、そこにある種の信頼を寄せることができてはじめて、彼の言動で笑うことができるのである。

ひとたび言葉を噛んでしまうと、それまであったリズムが消えてしまう。言葉が彼の内側から自ずと発せられたものではなく、ただのセリフだったことに観客の心は動揺する。そうなると彼の人格への信頼は揺らぎ、そこから発せられていた気分が失せてしまう。そうなっては笑えない。噛んでしまったことが、予期していたリズムを裏切り、それゆえの笑いが起きたとしても、その笑いは「笑われる」笑いであり、ハプニングの笑いであり、優越の笑いであるかもしれないが、「笑わせる」ことを目的とした芸人の笑いではなくなってしまう。

　私たちは演芸ホールの中で、あるいはテレビやスマートフォンの画面越しに、そうした気分を感じながら笑っている。気分とは不思議なもので、芸人たちが主として作るものではあるけれども、お囃《はや》子《し》などの演出が支えてもいるし、また観客もその場の気分の醸成に大いに加担している。深刻な悩みを抱えたひとや、そもそも生真面目な性格のひとは、その気分にまったく乗れないかもしれない。またそうしたひとばかりの場では、笑えるものも笑えなくなってしまう。そう言えば、東日本大震災が発生したとき、しばらく陽気なCMやお笑い番組がテレビから消えてしまった。無邪気に笑うという気分が日本から消滅した日々だった。笑いには、笑いを許容する気分の存在が不可欠である。芸人たちは、自らの「人格」の力を発揮して、笑いの気分を生み出すべくその場をデリケートにコントロールしてゆく。

　笑うことと「人格」のあり方との間には密接な関連がある。なるほどそう考えると、第一章で優越の笑いを考察した際、「笑う者」のことをホッブズが小心者に位置づけていたことが思い出される。これは先の落語家の例とは異なり、「笑わせる者」ではなく「笑う者」について言われていたことではあるが、どんな「人格」がどんな滑稽さを笑うのかという問いが、見え隠れしていたわけである。

カントは、こんなことを言っている。

（フランス人のいい方を真似れば）鬼面人を驚かすrebarbaratif顔をしていて、こういう人が現われると子供たちも一目散にさっさと布団に潜りこんでしまうといわれる人たちがいるかと思うと、天然痘にやられて奇っ怪な面容になってしまった人たち、あるいはオランダ人が出来損ないwanschapenesと呼ぶような（あたかも錯乱状態か夢のなかでしか思い描けないような）顔をしている人たちがいるが、しかしこういう人たちの中には同時にたいへん気立てが優しいうえに自分自身の顔について冗談まで飛ばすほどに快活な人々が存在する。（45、275頁）

誰かの言動を笑うとき、ひとは笑いながら、笑わせる「快活な人々」の存在に触れるのである。「快活な人々」は、ひとが驚くような面容であるかもしれない。けれども、そうした自分の面容を冗談にしてしまうほど快活な人々がいて、彼らの冗談を聞くひとたちは、冗談を笑いながら、彼らの快活さに触れ、驚かされ、励まされ、これまでの凝り固まった人間観を反省し、切り替えたりするのである。笑いをもたらす気分は感染するのである。この気分の感染なしに、他者とともに笑う笑いは生じ得ないであろう。

遊びの気分の中で

では、笑うことを可能にする気分とはどのようなものだろう。マックス・イーストマンは、それを「遊びの気分」と呼んだ。誰かが誰かをくすぐるという場面を想像してみよう、とイーストマンは言う。

くすぐりは私たちが「それを真面目に受けとる」ときには不快である。そして真面目な大人にとってはこうした理由で、くすぐりはいつも不快なものである。はっきりと遊びの気分の中にいないのならば、陽気な子供でさえもくすぐりを楽しめないし、笑えない。(46、p.17)

遊びとは、どのような状態を指しているのだろう。遊びの正反対は真面目だとイーストマンは言う。真面目とは、ものごとをある側面から見て、それ以外の側面から見ないことである。あるものごとに対する価値の言説を絶対視して、その価値以外の価値に目を向けない状態である。反対に遊びとは、ものごとをある一定の側面だけから見るのではなく、普段は目を向けない別の側面からも見ることであり、あるものごとに対する価値の言説を一旦保留して、それ以外の価値に注目することであろう。そうして、ものごとに対する通常の見方や価値から一旦距離をとり、別の見方や価値をそこに見出してみることが、ここで言われている遊びなのである。「私たちが楽しい気持ちでいるとき、価値の特殊な移行が生じている」(47、p. 3)。ここでくすぐりが遊びを説く事例になっているのは面白い。他人に心を許して遊びのモードにならないと、他人からのくすぐりで笑えない。その一方で、くすぐったさが他人のくすぐりを許容するきっかけにもなる場合もある。いつの間にか武装が解除され、気づけば遊びのモードの中にいたというのが、遊びの遊びらしさだろう。

イーストマンによれば、子供はこうした遊びの才能を持っており、普通に考えれば嫌なこと（面倒なこと、予期せぬこと、手に負えないこと、不運なことなど）も、遊びの気分の中にいる間は、すべて楽しいものに変えてしまう。しかめっ面も、怒った声も表情も、幼児には笑いの対象となる。しかし、「まずは笑って、そのあとに、まったく恐ろしい顔をせよ」（47、p. 9）とイーストマンは忠告する。子供も大人も、落胆するような出来事を笑いに変えることができる。ただしそのためには、子供も大人もあらかじめ遊びの気分の中にいなければならないのである。

ところで、優越の笑いは、こうした遊びの気分が広がっていなくても成立するものである。社会を優劣で分ける掟に心を奪われているという意味で、この笑いは遊びに乏しく真面目である。綾小路きみまろや毒蝮三太夫の例で見てきたような、「笑われる者」が同時に「笑う者」であるといった関係や、「笑わせる者」が「笑われる者」でもあるといった自虐の関係は、しかし、遊びの気分があってはじめて成立するものであろう。その場合、優劣を分かつ「掟」に従ってはいるものの、同時に劣位にある自分を笑うというのであるから、自分を相対化するかまたは「掟」の方を相対化しているわけである。いずれにしても、何かを絶対的なものと考えることから逃れているのであり、そこには遊びの気分がなければならないだろう。これらはどれも、優越の笑いの中にあって、優越の笑いを真面目に受け取らないあり方であった。冷蔵庫にリモコンを入れてしまった大学生がその失敗を妹に笑ってもらうことで救われようとしたのは、優越の笑いの真面目さに巻き込まれてしまうのを避けるためだったとは考えられないか。遊びの気分の中で解消してしまわない限り、彼女の失敗は彼女の劣った行いとして彼女の中に残存してしまうかもしれない。この「掟」に対する真面目さこそ、優越の笑いの掟である。その真面目さから逃避しないと、「笑いの空間」はただ悪しきものと映るばかりで「安全な空間」以外に逃げ場がないという結論に陥ってしまうのである。

また、第二章で論じた不一致の笑いに関しては、遊びの気分が不可欠であろう。ロックの言うように、機知と対照的な能力は判断力である。判断力は、類似性によって同一視されがちな二つのものを厳密に捉えて正確に識別する。そうした判断力が求められる場面で機知を発揮したら大変なことになるのであるが、機知が求められている場面で真面目でいることほど、場違いなことはあるまい。ボケの言動を、観客が真面目に受けとって、本当にあのひと頭大丈夫なのかと訝しがられてしまうようだと、おかしなことになる。これはただ戯れの場に乗じてなされた言動なのだと、話半分にして聞いてもらう必要がある。

広義のユーモアと狭義のユーモア

ところで、イーストマンが遊びの気分の中にいることをユーモアに関連づけて論じていることに私たちは注目する必要があるだろう。「ユーモアは楽しい状態のことである。ユーモアは遊びが所有している価値を除いたどんな一般的な価値も有していない」（47、p. 15)。

ユーモアとは、語の起源を辿ってみれば、その元は体液を意味する言葉である。古代の西洋において、人体には四種類の体液（血液、粘液、黄胆汁、黒胆汁）が流動しているとする説があり、ひとの性格はこれらの体液の混合の具合で決まると考えられていた。中世になると、そこからユーモアは「気質」を指す言葉になり、また気分や機嫌を指す意味でも用いられるようになった。英文学者の矢野峰人《ほうじん》によれば、一七世紀のイギリス文学の中に「ユーモアの楽しさ」という表現が出てくるところから、その辺りで、イーストマンが指摘するような今日一般に捉えられているユーモアの概念が形成したと考えられる。

ただし、ユーモアという概念には、もう少し特殊なニュアンスも含まれている。イーストマンの著作から刺激を受けつつ、チャップリンはこうユーモアを定義している。

ユーモアはまた人間の生存意識をたかめ、健全な精神をささえる。ユーモアがあればこそ、人生の有為転変も、比較的軽く乗りきれるのだ。それはわれわれに均衡感覚を与え、オーバーな厳粛さの底にひそむ滑稽さを引き出して見せる。（48、63－64頁）

なるほどユーモアは「人間の生存意識」「健全な精神」に関わり、しかも「均衡感覚」さえ私たちに与えるのだという。私たちはユーモアには二つ――遊びの気分をもたらすという意味で言われる広義のユーモアとチャップリンが指し示しているような狭義のユーモア――があることを理解しておくと良いだろう。その上で、単なる機知には含まれていないユーモア独自の側面に注目して、その可能性を解き明かす必要があるだろう。
　もう少し、他のユーモアの定義も見てみよう。

　ユーモアは機智と愛である。（49、91頁）

　皮肉を感じとれる能力、ばからしさ（不条理）を感じとれる能力、ある程度の、少なくとも片足は地に着いている程度の現実との接触、それから、これは一見意外に思えるかも知れないが、愛情である。（50、9頁）

　機知や皮肉（アイロニー）もユーモアの構成要素とはされるものの、だからと言って機知や皮肉が狭義のユーモアを含んでいるとは限らない。この二つの定義はともに、ユーモアには愛が含まれていると言っている。また、後者（『英国のユーモア』の著者ジョン・ボイントン・プリーストリーの定義）で気になるのは「現実との接触」という言葉である。狭義のユーモアを含まない機知は多い。芸人たちは機知の才を競うが、だからと言って狭義のユーモアが発揮されるとは限らない。芸人たちは、この場はただの戯れの場なのだと暗に言いながら、機知を巧みに使いこなす。けれどもその分、彼らの笑いが「現実との接触」や「愛」を漂わせることは稀なのである。現実から遊離し、ものごとを抽象的に捉えれば捉えるほど、その笑いはユーモアから離れてゆく。

もう一つ重要な論点をあらかじめ指し示しておこう。イーストマンは、マホメットが彼を信奉する者たちの前で、山を呼び寄せようとした逸話を取り上げている。これはおそらく、フランシス・ベーコンが書いた「大胆について」というエッセイに端を発している。マホメットはその奇跡を現実のものにしようと、何度も山に呼びかけた。けれども、一向に山は動こうとしない。そのとき、マホメットはなんら悪びれることなくこう言ったという。「山がマホメットの方に来ようとしないのならば、マホメットが山の方へ行こう」。大胆さというものは無知と卑劣の子であり、危険に対して盲目でもあり、ゆえに滑稽でさえあるのだが、「このように、こうした手合いは、どえらいことを約束し、失敗して面目が丸つぶれになっても、(彼らが申し分なく大胆であるならば)それを鼻であしらい、やりすごし、騒ぎをおさめてしまう」(51、61頁)とベーコンは評価もしている。ここにイーストマンはユーモアを見て、こう積極的に説くのである。「あらゆる努力や工夫によって私たちはものごとの流れを自分たちに好ましいようにしようと努める。そして、ものごとの流れが継続的に私たちを落胆させるとしたら、私たちはこう言うだろう。「よしわかった。私は落胆の中に特別な喜びを見出そう!」これが私たちの有しているユーモアのセンスである。ユーモアとはマホメットが山に行くことである。その存在こそ運命を犠牲にした一種のジョークである」(46、pp. 25-26)。

ユーモアとは、人間には山を動かすことはできないという人間の運命あるいは「掟」に直面していながらも、ただ落胆するのとは異なり、何らかの前向きな仕方でその事実に応答する力のことなのである。落胆するのは「掟」を真面目に捉えるからだろう。この真面目さの代わりに、遊びを尊重するのがユーモアである。ただし、ユーモリストも一点において真面目である。それは「掟」に自分を潰されないでいることである。たとえ自分を笑いの素材にしたとしても、「掟」に潰されない姿勢を一向にやめないのである。

かつて『五体不満足』の著者であり、タレントとしても活躍する乙武洋匡がツイッターで、

手足が生えてきた

と呟いたことがある。これは「#エイプリルフールにつく嘘を考える」というハッシュタグに応答する形で発信されたものである。一見すると、自虐的な振る舞いと思われてしまうかもしれない。「手足がない」という自分の社会的劣位をあえて自分から取り上げて笑われようとしていると解釈するならば、その読みも可能かもしれない。

この発言は、しかし、紛れもなくユーモアに基づいている。乙武はかねてからそう明かしているように、「五体不満足」な身体で自分は十分満足なのだと思っている。そうであるならば「手足が生えてきた」とは、手足のない自分を劣っていると考えて表明したものではなく、むしろそうとはまったく考えていないことを告げ知らせるパフォーマンスと見るべきである。マホメットが山を動かせないように、乙武の手足が突然生えてくることはない。しかし、「手足が生えてくるなどということは決

してない」という運命をただ甘受するというのとは別の振る舞いを、乙武は、そして私たちもさらりと行うことができるのである。人間のそうした可能性を知っていて、乙武はこうした遊びを平然とやってのけたわけである。

ところで、まさに乙武のツイートがそうであったように、ひねりなどの遊びの要素がないとユーモアはそれとして機能しない。必ず用いなければならないということではないとしても、「機知」や「皮肉（アイロニー）」が構成要素とされるのは、それゆえだろう。「掟」に直面しつつ「掟」を意に介さず自己を尊重するためには、ハッとしあっけにとられる宙返りのごとき価値の転倒を、一つのパフォーマンスの中で形にしなければならない。そうしたパフォーマンスによって、真面目さよりも遊びが肯定され、「掟」よりも重要なものがあるという気分がその周囲に広がってゆくのである。

死を避けられないと知っている人間にこそユーモアが必要である

ユーモアには、しばしば死がつきまとう。死は逃れようがない現実であり、一個人の生を阻む究極の不可能事である。死は誰にも降りかかり、誰にも逃れるすべはない。だからこそ、死の瀬戸際にあって、死という究極の掟を笑おうとして、ひとはユーモアを発揮するのだろう。いや、避けられない死に直面する人間という存在だからこそ、ユーモアとともに生きる必要があるのである。

死をめぐるユーモアで知られているのは、七五歳の誕生日を迎えたときのチャーチルのこの一言である。

私は私の創造主と面会する用意はできている。創造主が私と面会するという試練に準備ができているかどうかは別問題だがね。（52、p. 83）

創造主と自分を比較し、創造主の方が分が悪いのではないかと匂わせるチャーチルの尊大な言い分は、自己愛と自己肯定に満ちている。また思想家のトマス・モアが絞首台に向かう際に言い残したユーモアとして、伝説となった次のエピソードがある。

体力が弱っていたため処刑台に向かう階段を上るのに、傍らの者に手を添えてくれるよう求めたモアは、こうつけ加えた。「降りるのは自分でやれるからね」と。斬首されるため木の台の前に跪いた彼は、もう一度頭をあげて、獄中で伸びたひげを脇へ押しやり、最後のジョークを飛ばしている。「このひげは、大逆罪を犯していないからね」と。（53、168頁）

死への恐怖はたやすく生の充実を奪いかねない。詩人の萩原朔太郎に「時計を見る狂人」というエッセイがある。精神科の病院で一日中椅子に座って時計を眺め続ける患者がいた。彼は、退屈をやり過ごしてそうしているのではない。一瞬の生も無駄にできずに、だから長針が一秒一秒と流れるのを凝視しているというのである。一秒も浪費するまいとの彼の生への拘り（と表裏一体の死への恐怖）

が、むしろいきいきと生きることから彼を遠ざけてしまう。哀愁漂うこの滑稽な狂人が生を奪い返すには、死という絶対的で避け難いと思われているものを、どうにかしてたいしたことのないものへと貶め、それによってできた人生の隙間に生を吹き込む他あるまい。モアの言動には、その最後の一瞬でさえも、自分の生を誰からも奪われず自分のものにしたいといった強い意志が感じられる。

第二次世界大戦中にナチの強制収容所での生活を経験した心理学者のヴィクトール・E・フランクルは、『夜と霧』の中で、ユーモアが生存のための重要な「武器」であったことを明かしている。「ユーモアも自分を見失わないための魂の武器だ。ユーモアとは、知られているように、ほんの数秒間でも、周囲から距離をとり、状況に打ちひしがれないために、人間という存在にそなわっているなにかなのだ」(54、71頁)。フランクルについては再度触れるつもりであるが、ユーモアは「距離」をとる武器であるという指摘は、理不尽な状況や死という避け難いものに向き合うことが宿命であるからこそ、私たち人間にはユーモアが必要であることを見事に指し示している。

ディオゲネスは「犬」になって「ノミスマ」と闘う

ソクラテスの弟子であったプラトンと同時代に、世間から「犬」と呼ばれる哲学者がいた。「犬」は、真っ昼間にランタンを灯しながら街を歩き回って、「わしは「人間」を探している」と叫んだ。アレクサンドロス大王が目の前に現れ「なにか余にしてもらいたいことはないか。なんでも申せ」と言われた「犬」は、「お前が前に立っているので、日陰になる。どいてくれ」と一喝した。「犬」は、食事も、性のことも、人前で公然と行った。国を追われ、家もなく、流浪する「犬」は、人々から甕《かめ》を分け与えられて、その中で暮らした。「狂乱のソクラテス」とも称される「犬」とは、ディオゲネスのことである。ディオゲネスは奇人である。そればかりか、ロマン主義の美学者ジャン・パウルがそう指摘するように、彼のパフォーマンスにはユーモア的要素が多分に含まれている。

『哲学者ディオゲネス　世界市民の原像』で山川偉也は、ディオゲネスの「犬」のパフォーマンスを「象徴戦略」と捉え、またそれが「表／裏」「外／内」「上／下」を区別する際に用いられていた「ノミスマ」（慣習）を問いに付し、その価値を逆転させ、公であるものと私であるものとを反転させる働きを持っていたと解き明かしている。

図６　ジョン・ウィリアム・ウォーターハウス『ディオゲネス』（1882）大甕に暮らすディオゲネス。若者に大甕が破壊されても、新しい甕を提供されるほど彼はアテナイ人から愛された。

誤解してはいけないのは、ディオゲネスのそういった発言が、自虐的なものでもなければ、人に憐《あわ》れんでもらいたいがためになされたものでもなかった、ということである。それはたしかに戦略ではあった。が、本気の戦略であった。それは、あらゆることを恐れることなく言いかつ行うためのディオゲネスなりの象徴戦略であったのだ。(55、153頁)

ディオゲネスがソクラテスと同様の意味で哲学者として独特であったのは、自分の哲学的なアイディアを世の中に示すのに、実践を重視していたことである。ここには「キュニコス主義のスキャンダルの構造」があると、ミシェル・フーコーは指摘した。ディオゲネスが行ったことは、フーコーによれば「語のあらゆる意味において、自らの生を「晒す」こと。つまり、自らの生を見せて、その生を危険に晒す、ということです。自らの生を見せることによってそれを危険に晒すということ、生を危険に晒すのはそれを見せるからであるということ。自らの生を、その言説によってではなく、その生そのものによって危険に晒すこと」(56、297頁)であった。ディオゲネスのパフォーマンスはどれも、周囲の人々を驚かせ、戸惑わせ、不快にし、嫌悪させることだろう。なぜそうなるかと言えば、破廉恥なことをあえて人前で行うことで、ディオゲネスが「ノミスマ」(慣習)に疑いを投げかけ、それを秤にかけようとしているからである。だから破廉恥なこと以上に、破廉恥なことが人々の信じてきた価値観を揺さぶっていることこそ「スキャンダル」なのである。

これが山川の言うように「戦略」であるとするならば、ディオゲネスのパフォーマンスは、自らの生を危険に晒しつつも、それによって望むべき効果を発揮しなければ意味がない。ただ単に破廉恥な行動として受け取られるだけで、その挙句「ノミスマ」によって人々から排除されてしまっては台無しである。むしろ人々の中の「ノミスマ」信仰を揺さぶり、それが覆い隠している別の生の可能性に気づくという地点にまで、人々を誘い込まなければならない。もちろんそれは「犬」の生活こそが素晴らしいのだと訴えて、その生活を人々の新たな「ノミスマ」に仕立て上げることとも異なる。街中でディオゲネスが探していたのは「人間」であった。それは「ノミスマ」から一定の距離をとることができ、それによって真理を語り得る者のことではないだろうか。こうした「人間」へと変容するよう自分にまた他者の心にくすぐりをしかけることが、ユーモアに求められるパフォーマンスの効果というものであろう。その効果を十分に発揮するには、それにふさわしい気分を生み出し、人々に感染させることが求められるはずである。

ドンは雨の中で心の中の太陽を輝かせる

もう一人のユーモリストの例に『雨に唄えば』の主人公ドン（ジーン・ケリー）を挙げてみたい。ミュージカル映画（とくに優れた古典作品）を見ることは、登場人物たちとともに私たちが現実から夢の中へと入ったり出てきたりすることである。あまりに鮮やかなので、そう思わずにただただうっとり見入ってしまうのだが、ミュージカル映画にはこの点でユーモアの要素が含まれていると言える。「現実から夢の中へ」と書いたが、言うまでもなくミュージカル映画に特徴的なのは歌や踊りであり、この二つを用いて、会話がいつの間にか歌になったり、歩行がいつの間にか踊りになったりといった「移行」が行われる。この移行によって、現実から夢の中への出入りが可能になっている。第二章でも触れたように、突然の移行におかしさを感じることもあるだろう。ただし、多くの名作は、見る者を違和感で滞らせないようにしながら、この移行をスムーズに推し進め、夢へと誘ってくれるのである。

ジル・ドゥルーズは『シネマ2＊時間イメージ』の中で、夢とは「隠喩」ではなく「一連の歪像」であると言う。この言葉を手掛かりに『雨に唄えば』の有名な雨の中で歌い踊るシーンについて考えてみよう。そのシーンは、主人公ドンとキャシーが、お互いの気持ちを確認し、さらに難題を解決する名案を思いついた後、別れるところから始まる。カリフォルニアの夜露が今晩はいつもよりもちょっと重たいわ、とキャシーが心配する。すると、「本当？　僕が立っているところからは太陽がいたるところを照らしているよ」とドンは答える。彼の心には充実感が満ちているのだ。待っていた車を行かせ、大雨の歩道を歩き出す。鼻歌は、気づいたら、次のような歌に変貌している。

私は雨の只中で歌っているところ
雨の只中でただ歌っているよ
なんて愉快な気持ちだろう
私はあらためて幸せだ

私は雲に微笑みかけているところ
頭上で黒々としている
私の心には太陽が鎮座している
そして私は愛する気満々なんだ　（劇中歌「雨に唄えば」の一部。訳は筆者）

このシーンが与える夢は「隠喩」によって、例えば雨の降る様子を別のイメージに切り替えてドンの心の中の「太陽」を私たちに読み取らせるといった仕方によって生まれるわけではない。そうした意味では「太陽」を読み取らせるものは、歌詞の一部以外どこにもない。歌ったからって、踊ったからって、大粒の雨は止まない。安易にその運命は変わらない。それでも私たちはここに雨の景色以上の何かを見てしまう。それをドゥルーズは夢と呼び、そしてそのあり方を「一連の歪像」と形容する。ドゥルーズは言う。重要なことは「ダンサーの個別的天才、主体性が、個人的運動性から超－個人的要素へと、ダンスが描き出す世界の運動へと移行する」（57、84頁）そのあり方である、と。ここで「世界の運動」とは、ドンが踊ることによって、雨の街（現実）であることをやめて太陽の輝く街の世界（夢）へとこの街が歪んでゆくことである。ドンの気分と一体になった音楽と踊りの力が、雨を雨に見えなくさせるのである。

もしも「愉快な気持ち（a glorious feeling）」で雨にはしゃぐドンの姿がただ滑稽なものとだけ観客の目に映ってしまったのなら、この場面は失敗である。そうなってしまうと、ドンの夢は起こるはずのないただの夢となり、「移行」など茶番に過ぎなくなる。確かに、ドンの行為は滑稽である。おかしなことが起こっているのは事実である。ただし、おかしなことと思いたくなる観客の気持ちを、ドンの気分が上回ってゆくのである。

彼の気分を観客に共有させる働きの最大の功労者は、音楽ではないだろうか。途中、ドンとすれ違うカップルが出てくる。彼らは、歌い踊るドンを怪訝そうに一瞥するのだけれど、彼らの耳には私たちには聴こえている音楽が聴こえていない。調子の良い前向きな音楽がドンの心の中で鳴り響く。その響きを私たち観客だけは共有しているのである。夢のひとときは、音楽のヴォリュームがマックスになった直後、不意に現れた警官によって現実へと引き戻される。けれども、ドンの見た夢の余韻は、ドンと私たちの中に気分として残存するのである。

ユーモアは感染するとフロイトは言う

こうしたユーモアの持つ気分の感染について、フロイトは次の考察を残している。一九二八年の論考「ユーモア」で彼が解明した非常に興味深いポイントに、ユーモリストの言動は聴き手の心にどう作用するのか、という議論がある。フロイトは、今まさに絞首台に連れて行かれようとしている囚人のユーモアを例に挙げる。その日は月曜日、この人間の命はもう一刻もない。そのとき「ふん、今週も幸先がいいらしいぞ」と囚人は口にする。もちろん、この言葉は、絞首台までの道程でつぶやいた囚人の独り言である。自分の発したユーモアが囚人に「距離」を与え、そのことでこの人間にいくばくかの満足を与える。それればかりか、この逸話を耳にした聴き手である私たちもこのユーモアから何ほどかの満足を受け取るとして、フロイトはこう続ける。

聴き手の判断にしたがえば、この他人〔囚人〕は今にも興奮のきざしを現わしそうに思われる。聴き手は、この男が怒り出すだろう、嘆くだろう、苦痛を訴えるだろう、驚くだろう、おじけをふるうだろう、ことによると絶望のどん底に沈むことだってあるだろうと思って息を呑んでいる。そして、そうなった場合にはその男に追随して、自分自身の中にもそれと同じ感情興奮をまき起こしてやろうと待ち構えている。けれどもこの期待はそむかれる。その男は、少しも興奮した様子を見せないで、冗談をいうのである。そして聴き手は、このようにして感情の消費を節約したことが原因となって快感を覚える。これがユーモアによってえられる快感なのである。（58、407頁）

聴き手である私たちは、「怒り出すだろう」「嘆くだろう」などと想像しながら社会の「掟」に即した反応をまずはこの囚人に期待する。しかし、それは「ふん、今週も幸先がいいらしいぞ」の一言で裏切られてしまう。フロイトは、この裏切りによって引き起こされる「快感」の原因に聴き手の「感情の消費の節約」を見た。罪人の感情に同調して大きな感情の発露が引き起こされそうになりながら、しかも、その気分に自分もなかば酔いしれたようになっていたところで、しかし、それがキャンセルされてしまう。そのあるはずであったものの不在が、ユーモアの笑いの原因であるとフロイトは考えた。

このようにしてユーモリストは「掟」に抗う「自己愛の勝利」「自我の不可侵性の貫徹」を態度で示しながら、自分だけではなく自分の言動を見聞きした他人の内にも、状況に打ちひしがれない勇気を与える。ユーモアはそうして感染する。フロイトはユーモリストとユーモアの聴き手との間に親子的な関係を見ている。「いってみれば、ユーモアとは、ねえ、ちょっと見てごらん、これが世の中だ、随分危なっかしく見えるだろう、ところが、これを冗談で笑い飛ばすことは朝飯前の仕事なのだ、とでもいうものなのである」(58、411頁)。プリーストリーは叔父(伯父)さん叔母(伯母)さんをユーモリストのモデルとして見ていたが、フロイトは、ユーモアの語り手を父の位置に置き、聴き手を子供の位置に置く。社会の厳しさを伝える父(超自我)も父である一方で、社会の厳しさに圧倒されないで悠々と生きることを伝えるのも父の役割であるとフロイトは考えた。ユーモリストは、そうしたもう一人の父であり、ユーモアは彼の心持ちを聴き手に感染させるのである。

2　日本社会とユーモア

スギちゃんはユーモリストかユーモリストのパロディか

さて、このようなユーモリストの力が発揮されている場面を、日本社会の一体どこに探し求めたら良いのだろう。二〇一二年ごろに大ブレイクした日本のピン芸人にスギちゃんがいる。スギちゃんは自分が「ワイルド」であることを誇示する芸でブレイクした。

ワイルドスギちゃんだぜぇ？　ワイルドなんだぜぇ？　ワイルドなところ見せるぜぇ？　もう見せてるぜぇ？　ペットボトルにキャップついてねえぜぇ？　飲み切れもしないのにキャップ捨ててやったぜぇ？　コーラなのにだぜぇ？　わりかし早い段階で甘いだけの水になるぜぇ？　ワイルドだろぉ？（……）何をしてるかだってぇ？　アルバイト先の電話番号消してるぜぇ？　明日急遽休まなきゃならなくなったとき、無断で休むことになるぜぇ？　クビになるぜぇ？　ワイルドだろぉ？

Gジャンの袖を切りとってノースリーブにし、ジーンズも切って半ズボン型にしたファッション・スタイルは、「ワイルド」というより方向性を間違えた「自信過剰」の男といったところだろう。要するに、スギちゃんは「痛い」奴であった。けれどもスギちゃんのワイルドさは、私たちが従わねばならないと日々思い込まされている「掟」を平気で無視することで、発揮されていた。それは痛いとはいえ痛快であった。飲みかけのペットボトルのキャップを捨て、アルバイト先の電話番号をスマホから消去する。ああしなければならない、こうしなければならないという人生の枷《かせ》を、スギちゃんは意に介さない。もちろん彼のワイルド自慢は小さくてちゃちだ。けれども、その小さくちゃちなことに日々縛られているのが私たちである。そうした私たちにささやかな脱呪縛の解放感を与えてくれる程度には、スギちゃんは確かにワイルドであった。そう考えると、スギちゃんの姿には、ユーモリストが見え隠れしていたように思えるのである。

私たちはあのとき、スギちゃんに何を見ようとしたのだろうか。Yahoo! 知恵袋では当時、こんなやりとりがなされた。

*****さん　2012/12/12
スギちゃんがこんな寒い時期になっても半袖・短パンなのは、ワイルドだからでしょうか?

ベストアンサーに選ばれた回答　2012/12/12
ワイルドに見せるには、あの服装でないとダメですからね。足も裸足ですから頑張ってますよね。来年はどうなる事やら。

*****さん　2012/12/22
すごく寒そうですよね。
あと、語尾の「~だぜぇ」も、言い続けるのは

なかなか大変そうです（笑）

ありがとうございました。

スギちゃんに限らず、彼のような唯一無二の個性を売りにするピン芸人たちを見ると、なぜか私たちは、彼らは本物（天然）なのか、それともただキャラを演じているだけなのか、確かめたいと思ってしまう。いやもっとはっきり言えば、その本性を「剝がし」たいと思ってしまう。スギちゃんの「ワイルド」は、夏でも冬でも先述した服装で過ごすことで知られていた。すると、この「知恵袋」でのやりとりのように、冬にはボロを出しやしないかとの疑惑あるいは期待が、私たちの黒い心に蔓延する。そういう私たちは、本物のワイルドを待望しているのか、それとも本物のワイルドだけは出現しないでと願っているのか。杉山英司が「スギちゃん」として演じて見せてくれた、私たちを縛る「掟」に頓着しない振る舞いは、私たちを「掟」から解放してくれる憧れのヒーローであったのかもしれず、また無駄な夢を束の間見せて私たちを翻弄する厄介なエセヒーローであったのかもしれない。

いつかまた、スギちゃんのような天然の「ワイルド」を気取る芸人が現れることであろう。そしてそのときも私たちは、これと似た「そのワイルドは本物か否かチェック」を行うのであろう。そこで試されるのは、実は、その芸人というよりも私たちの方であるのかもしれない。私たちは、今までこれしかないと思わされていたのとは異なる、別の生き方を志向することができる。私たちは、諦めなくて良いし、この世界を否認できる。圧倒的な力の前で、そんなことは不可能と思わされてきた。しかし、そうではないのかもしれない。けれども、そう思い、その思いを貫き生きるには勇気がいる。逆境をくぐり抜ける知恵も必要である。それだから私たちは、本物のワイルドなんて存在しないと決めつけたくなる。

イギリスの文学的伝統を講じる『文学評論』において、夏目漱石はユーモアを次のように説明している。

ヒューモアとは人格の根底から生ずる可笑味《おかしみ》であるという事になりはせぬかと思う。外の言葉でいうと、ヒューモアのある人の行為は、他から見ると可笑しいが、当人自身では他から可笑しがられる訳がないと思っている。彼は真面目である。無意識に可笑味を演じつつある。もう一つ言い直すと、可笑味が当人の天性、持って生れた木地《きじ》から出る。従って取って付けたように見えない。行雲流水《こううんりゅうすい》の如く自然である。(59、236－237頁)

なるほど、ユーモアが生まれ出てくるのはそれを振りまくひとの「人格の根底」であると、英文学史を背景に漱石は述べる。そういう特徴があるからこそ、私たちはスギちゃんのような存在が現れると、「彼のユーモリスト振りは本物であるか否か?」とテストせずにはいられなくなるのかもしれない。そしてまた、ユーモアがそういった「持って生まれた木地から出る」ものである限り、単純に芸として磨いて身につけられるような類のものではない、とも言えそうである。

私たちは、スギちゃんはただのキャラであって、冬になれば寒さに負けるし、「ワイルド」なんて言っていても演技に過ぎないと「剝がし」をしたくなってしまう。これが、例えば、ナイツの塙がヤフーのことを「ヤホー」と呼んだところで、私たちは彼の漫才上のボケキャラを彼の人格から生ずるものと真に受けたり、塙の世間知らずを本気でバカにしたりはしない。しかし、ことスギちゃんに関しては、彼のワイルドさが天然なのか演技なのかに、私たちは興味をそそられてしまう。「ワイルド」というキーワードが、当時の日本人には刺激的だったのかもしれない。勝ち組・負け組などという言葉が浸透し、定着してきた時代である。寄る辺なき世の中に一人放り出され、何にも頼らず独立独歩で生きなければならない。そう思わされている不安な私たちの心情を多少なりとも揺さぶったところがあったのではないか。たやすく「ワイルド」と自任されては、こちらの立つ瀬がない、という気持ちにもなったことだろう。

スギちゃんは「ワイルド」性のパロディであり、ゆえにユーモリストのパロディでしかない。スギちゃんがブレイクする様子を見ながら、今の日本にユーモリストが登場することは、かくまでに困難なことか、と筆者は思ってしまう。スギちゃんがわざわざ極寒の地にあの「ワイルド」なファッションのままで連れて行かれる番組を見ていると、そのサディスティックな演出に、真のユーモリストが目の前に現れることをどこか期待しながら、目の前のひとが真のユーモリストではなかったことを、ひとは確認して安堵したいのではないか、あのとき、そんな感慨を抱いたものだった。

現代はほんとうに、お笑い草にするために、ひとりの目ざめた者の笑うべき出現（Erscheinung）を必要としているのであろうか、それともむしろ、そういう霊感を受けた人物があらわれて、忘れ去られてしまったことを現代に思いおこさせることを必要としているのではないであろうか？（60、167頁）

これはデンマークの哲学者キルケゴールが一七〇年以上前に『おそれとおののき　弁証法的抒情詩』の中で漏らした言葉である。この著作では、神に試されて息子を山まで連れて行き捧げものにするよう命じられるアブラハムのことが語られている。アブラハムは神に従うが、捧げものにしようとした途端、アブラハムの信仰の深さを知った神に止められ、息子イサクの命を得ることができた。キルケゴールはアブラハムを信仰の騎士と名付けた。信仰の騎士は、二重の運動を行う。一つは息子の命を捧げるという運動である。これは諦めの運動とも呼ばれる。これならば悲劇的英雄も行う。彼が見せる絶望的な運命への嘆きは、人々の心を大いに打つかもしれない。しかし、信仰の騎士はもう一つの運動、信仰の運動を遂行する。これは多くのひとには理解されない行動である。「悲劇的英雄は、普遍的なものを表現するために、自分自身を諦《あきら》める。信仰の騎士は、個別者となるために、普遍的なものを諦める」（60、125－126頁）。キルケゴールはそう認めてはいないのであるが、ドゥルーズはこの信仰の騎士にユーモリストを見ている。二重の運動を行う信仰の騎士の行動は、その語の正しい意味においてユーモラスである。しかし、それはひとが「お笑い草にする」対象ということではない。キルケゴールの時代もまたそれから一七〇年以上がたった現代も、ユーモリストの出現を冗談としてしか受け止めたがらない傾向がある。ひとは「忘れ去られてしまった」ことを忘れたままにしておきたいのかもしれない。

バカリズムと若林はユーモリスト春日を待望する

バカリズムは、オードリーの春日俊彰をラジオ番組(61)で「ジャンプ・ヒーロー」になぞらえる。筆者はこのことが気になっている。春日は、テレビ番組の企画でスポーツや大学受験の挑戦を行う。すべてとは言い難いものの、フィンスイミングで日本代表に選ばれたように、そのいくつかが意外な好成績を上げてきたことで知られている。そうした超人ぶりからバカリズムは、もし『キン肉マン』を実写化するならば、春日が適任だと主張する。面白かったのは、ヒーローとしての春日の価値に気づいているのは、むしろバカリズムの方で、春日本人がわかっていないヒーロー性を、バカリズムが本人に切々と説いていたことである。東京大学への受験に挑戦する企画で、センター試験で足切りされるという結果をめぐり、二人はこう会話を交わす。

バカリズム　〔平然と〕「落ちたの?・」みたいなぐらいの。「受かったって聞いてるけれども」〔とか答えるべきでしょう〕

春日　「落ちてないですが」とか？

バカリズム　「私が落としたんだけども」とか。「私が選ばなかった、あちらを」とか。

春日　かつてそうやって、春日節みたいなもので押したこともあったんだけれども、何言ってるんだこいつみたいな空気になってきた。滑るなら、滑る方がいいじゃないですか。

バカリズム　だから、前にも言ったでしょ。滑る滑らない、じゃないんですよ、春日さんは。

春日　そうなんですか、私は。

バカリズム　ウケるのもウケようと思ってやっているわけじゃない。たまたま春日でいることが結果的に、ウケてる、滑ってる、だけだから。(61)

まるで先に挙げたマホメットが山を呼ぶ逸話のようである。あるいはチャーチルの死のユーモアに似ていると言うべきか。不可能なことに対して、春日はヒーロー然としているべきだとするバカリズムのアイディアは、春日本人が想像している以上に、春日がユーモリストになる可能性を指摘しているように筆者には映る。オードリーの漫才にしても、登場の瞬間から春日はゆっくりとした足取りで現れ、傍若無人な態度で挨拶を決める。若林は漫才らしいリズムを作ろうとするのだが、春日はそれを思いっきり外すリズムで、おかしな応答しかしない。そうしたところにも、オードリーにユーモアへの傾向を感じてしまう。

そう考えると、二〇一九年に武道館で披露された彼らの漫才（62）には、ユーモアの萌芽があったように思う。若林の父親の死を扱ったこのネタでは、春日の超人性がフィーチャーされる。まずは、自分の隠れた特技に超能力があると春日は言い出し、ならばと広い武道館の端から端へと瞬間移動を試みる。一〇秒ほど力んだ春日を、若林は「できねえじゃねえかよ」と叩くのだが、春日は「いや、二秒後に行けてたけどね。止めなければ」と大言壮語は止まらない。さらに春日の能力を使って若林の亡き父親を呼び出そうという話になる。春日をイタコにして、父親を何度も招こうとする。だが、うまくいかない。恒例の最後のくだり（「本気で言ってたら、武道館で三〇分漫才するわけねえだろ」）を若林が言い、二人が笑った直後、春日は「正恭、元気だったか」と低い声で一言。若林がそれに「今、親父降りてきたのかよ」とツッコんで、漫才は終わる。

これは「奇跡」をめぐる漫才である、と言うと大げさだろうか。若林のツッコミは、春日のユーモリスト性を「剝がし」にかかる。人々がスギちゃんを剝がそうとしたように、春日を剝がす振る舞いは、いまの日本のお笑いの調子に合わせているのかもしれない。しかし、ある意味わざとそうしてみせながら、慎重に、密かに、あからさまにならない仕方で、オードリーはユーモアの笑いに挑戦しているのではないか。若林が「できねえじゃねえかよ」と叫ぶ口吻には、むしろ不可能が可能になった瞬間を待望するニュアンスが感じられる。スギちゃんに触れたときに言及したような、ユーモリストを待望する気持ちとユーモリストなどいないのだと決めつけて安堵したい気持ちとの間に起きる揺れがここにもあるのだが、筆者には「待望」が上回っているように感じられるのである。

そもそも第一章で見たように、東京の下町的コミュニケーションを知っている若林のことである。春日へ向けられたツッコミも「剝がし」も、きっとかまい合いの延長なのに相違ない。「お前とは漫才やってられねえよ」（春日＝ユーモリストの否定）が本気の気持ちではなく、むしろ本気なのは「本気で言ってたら、漫才するわけねえだろ」（春日＝ユーモリストの肯定）の一言の方であることにも、その「待望」は暗示されているのではないだろうか。

松本人志が目指したのは「悲しい」笑いだった

第二章でも触れたように、松本人志が浜田雅功と組むダウンタウンの漫才、あるいはまたソロ名義のコントは、松本本人の言葉を借りて言えば「発想」の笑いであり「想像力に訴える」笑いである。司会者としての顔や映画監督としての顔も持つ松本の多面的な才能の中で、とくに一九九〇年代に精力的に作られていたコント作品群に注目して、彼の特異な「発想」のあり方を考察してみよう。その特徴は、悲しい、切ない笑いにある。

『トカゲのおっさん』なんてほんと悲しいですよ（笑）。でも、あれやりたいんですよ。だから、今度のビデオもほとんどみんなそうです。どっか悲しい、切ないですわ。でも、おもしろいことってね、切ない中にあると思うんですね。何か切ないからおもしろい方向に行ってしまうっていうことは絶対あると思うんですよ。（63、164頁）

ここで言及されている「トカゲのおっさん」とは、テレビ番組『ダウンタウンのごっつええ感じ』内で制作された長尺の連続コントである。松本扮するトカゲのおっさんと浜田扮する子供とのやりとりを中心に物語は進む。トカゲのおっさんは、子供の家で飼ってもらうために、コミカルな表情と動作で子供を誘惑しようと、日々、公園の隅で生きている。ある日、トカゲのおっさんは家で飼ってもらうべく子供の一人と交渉する。けれども、彼の心の中におっさん（人間）の部分があって「子供に飼われる」という状況を受け入れ難く思っている。

トカゲのおっさん　あっああ、やっぱりか、という……
子供　どういうこと？　どういうこと？
トカゲのおっさん　……感じが正直あるわけ。残念ていうかね。「残念」っていう言い方はあれやねんけども。んー、「あー、この子も、か」。
子供　いやだってそれはさあ。ママが……
トカゲのおっさん　ま、ま、ま、聞きいな。だからあ、結局、犬をこないだ買ったから、俺を飼われへんていう、その時点で、「あ、そういう次元か？」って。
子供　あんまり意味がわからへん。
トカゲのおっさん　ん、だから、おっさんと見てるかトカゲと見てるかってとこなんよ。結局、

子供　お前は俺をトカゲとして見てるから、そんなことないよ。
トカゲのおっさん　や、だから。
子供　ママには説明したから。
トカゲのおっさん　あ、そうか、ま、ま、そうなのかも知れへんけど。とりあえず、俺が言いたいのは……そんな気持ちでは、無理やと思う。（64、「トカゲのおっさん」第1話）

生き物に夢中な年頃の子供が飼いたいと望んだトカゲ。それが「おっさん」とのハイブリッド（「トカゲ」の「おっさん」）であったという奇怪な発想は、間違いなく松本の想像力のなせる技である。そして、そこから生まれるのは悲しみや切なさであり、「おっさん」でありながら子供に「トカゲ」としてしか見てもらえていない（かもしれない）という彼の境遇が、それを引き出す。子供は「そんなことないよ」と言ってくれるのだが、あてにはならない。子供にさえ裏切られてしまうかもしれない。社会からの疎外感が、彼を悲しい存在にする。他にも、悲しみや切なさを引き起こす要素がある。

トカゲのおっさん　何してんねん〔子供が突然、トカゲのおっさんの腹を触ってきて〕。何をするねん。何をしとんねん。お前やっぱりなんかちょっと、おっさんのこと違うもんやと思ってるやろ。

子供　思ってないよ。

トカゲのおっさん　思ってるからそうやって触るんやないか。

子供　ごめん。

トカゲのおっさん　でも、本当はおっさん今のことそんなに怒ってないな。

二人　ハハハハ。（同前）

トカゲのおっさんは、自分を「おっさん」と認識している一方で、自分の中の他者とも言える「トカゲ」の部分を隠して生きることもできない。子供の興味は彼のトカゲ性にあるのだから、子供はつい、腹を触りたくなってしまう。「おっさん」にはそれが許せない。もちろん、子供の興味が自分のトカゲ性にあることはおっさんも気づいている。だから子供が腹を触るのを拒めないのだが、そこにおかしみと悲しみが立ち上ってくる。しかも、トカゲのおっさんは子供のママに興味を持っている。わけがわかっていない子供におっさんは性欲が強いなどと吹聴する場面があるのだが、その精力はトカゲの本性と繋がっているようでもあり、こうしたところも切ない。

チャップリンの監督・主演映画『街の灯』には、誤って浮浪者がホイッスルを飲み込んでしまうという極めて滑稽な場面がある。しゃっくりに襲われると、自分の意思からではなく体が勝手に不気味な「ピュー」という音を発してしまう。ジジェクは「重要なのは、この場面における恥の源泉が音だということである。自分の身体の中から不気味な音、本体のない自動オルガンみたいな音がしてくる。それは私の身体の奥にあるのに、私にはコントロールできない。まるで一種の寄生虫、外からの侵入者のようだ」（65、126頁）と、この場面を批評する。この事態と、トカゲのおっさんのトカゲ的性格はとてもよく似ている。どちらも、社会からだけでなく自分の中の他者（つまり自分の身体）からも疎外されているがゆえの悲しい境遇がおかしいのである。

一九九八年から九九年にかけてビデオ作品として制作された『HITOSI MATUMOTO VISUALBUM』は、「トカゲのおっさん」と同様の悲しい、切ない笑いに溢れている。例えば、「ミックス」は次のようなお話である。貧しいアパートの向かいに住む少女が、隣の老夫婦のもとに泣いて駆け込んできた。餃子の焼き加減や入れた具をめぐっての、いつものくだらない夫婦喧嘩から逃げてきたのだ。口論の折々で、母親は父親への愛情を漏らす。喧嘩しているが、何かもやっとした夫婦の感情が漂う。夜、外で少女は人形と遊んでいる。お隣が気づき、大丈夫だよ、お父さんとお母さんは仲直りしているんだよと告げるが、声がけたたましい。さっきと同じように喧嘩しながら、二人は愛情を確認しているのだ。少女はお隣で寝ることにした。その寝床まで二人の絶叫が聞こえてきた。

あるいは「園子」はこうだ。老練の、旬を過ぎた芸人の妻（園子）が死んだ。弟子たちが集まり、師匠を励ます。師匠は妻の亡骸の前で新しいギャグを発案すると宣言し、集った者たちに協力を仰ぐ。洗濯バサミで乳首をつまんで引っ張り合うゲームの直後、弟子は師匠に一言ギャグを求める。だが、師匠は何も言えず、布団に隠れてしまう。弟子は師匠をやる気にしようと園子の亡骸を立ち上げて、幽霊の園子になりすまし、師匠を励ます。奮起した師匠はもう一度試みるが、結果は一緒、パイ投げゲームの直後に一言を求められても師匠の頭には何も思い浮かばない。

こうした作品群を松本はやはり「切ない」と形容する。「ビデオのネタってやっぱり全部切ないものになってると思います？　ま、切ないというものをどう捉えるかなんですけど、切ないものこそ笑いや、切ないことほどおもしろいものはないぞって僕は思ってるんで……全然笑えるもんなんですけどね。切ない中で、その切なさから脱出しようとする人間の醜さとかがおもしろいし、でもその切なさから結局逃げられへんっていう終わり方が、もう間抜けなんですね（笑）。切なさは間抜けであり間抜けはやっぱり笑いであるかなあって、思いますね」（63、201頁）。

「切なさ」は「間抜け」を作り出し、その「間抜け」が笑いを生む。松本の強靭な想像力が造形した人物たちは、社会の暗部と一人の人間に巣食う暗部とを照らし出す。その暗部は切なく、それが彼らを「間抜け」に見せる。そして、そこで生じる笑いの対象は、松本の言葉をそのまま借りるならば、切なさから脱しようとしつつも「結局逃げられへん」と思うことになる「人間の醜さ」の表象なのである。

内なる他者が松本の想像力を牽引した

さて、このような悲しい笑いへの志向は、周囲の芸人たちがやらないからこそあえて選んだもので、消去法に基づいていると松本は言う。その一方で、自分には幼少期から他人から見れば「悲しい」と思われることを楽しいと思う傾向があったとも、告白している。例えば、小学生のとき、自転車を買ってもらえなかったので「小学生の間ずっと、自転車に乗ってる「つもりのてい」で、尼崎を走り回ってたんですよね。かなり本格的な「つもり」で、お店のなかに入る前とかも、ちゃんと通りの端で「ガシャ」ってスタンド立てたりしてて(笑)」(66、79頁)。松本にとって面白いこうした話を聞かせると、相手は悲しい話として聞いてしまう。これは、彼独自の想像力が松本を社会から孤立させ悲しい存在にしている出来事と捉えられる。

松本の言葉には社会への独特のスタンスが垣間見えることがある。なぜ坊主にしたのかという問いに、自分は他の誰とも異なるはずなのに同じ身体であることに違和感があって、だから違う生き物になりたいのだと松本は答えている。「それ、すごいなんか、俺は違う生き物なんやみたいなふうにしたかったんです。できることなら身体がもっと緑色になったりとか(笑)。でもそれって支障があるわけですよ、いろんな意味でねえ。だから……『トカゲのおっさん』とも通じてるところがあるんですけど。そうなんですよ、結局トカゲのおっさんってそういうことなんです。あれなんです、まさに。だからあのコントやり始めたくらいから考え出したのかもしれないですけど、違う生き物になりたいなあって思ったんです」(63、206頁)。「トカゲのおっさん」は、松本人志そのひとなのである。社会の中で孤高の存在でありながら、社会から疎外された存在でもある。二人はともに悲しい存在なのである。

織田正吉はペーソスを含んだユーモアに日本人らしさを見た

この悲しさ、切なさは「ペーソス」と言い換えても良いだろう。ペーソスは人間の逃れがたい運命を、ネガティヴな、限界として見つめることで生まれる感情である。矢野峰人は「人生の馬鹿らしさ、をかしさに直面しながら、これを憎む事の出来ない場合に生ずる心状」(49、94頁)をユーモアとし、そこに憐憫の情が生じる場合、「ペイソスに近きものになる」(同前)と述べている。ペーソスとユーモアの比較という点で考えると、松本の笑いは、ユーモアよりもペーソスの傾きを持った笑い、と言うことができるだろう。

織田正吉はペーソスを含んだユーモアを「日本流ユーモア」と捉え、イギリス流の「攻撃のユーモア」と区別した。日本流ユーモアとは、例えばこのようなものである。

München《ミュンヘン》にわが居りしとき夜《よる》ふけて陰《ほと》の白毛《しらげ》を切りて棄てにき　斎藤茂吉

織田はこの句をこう捉える。「異国の夜の孤独感はしのびよる人生のたそがれのさびしさとかさなり、それを切りとる茂吉の姿にペーソスがただよいます。しかし、そのさびしさには、ものがなしさの中にどことなくおかしさもいっしょにただよっています」(67、238頁)。織田によれば、ユーモアは「弱さ」を容認する。失敗や不完全さをあらわにする他人に対して、ひとが共感とともに親しみを感じるところにユーモアは存在する。他人の失敗に自分を重ねて、そこから「人間的な連帯と共感」を引き出すあり方を、織田は「人間の〈性弱説〉」とも呼び、またこれを「同情のユーモア」と形容する。

これと対照的なイギリス流ユーモアは、「攻撃のユーモア」と称される。これは「自分たちをおおいつつむ逆境や困難に、笑いという反撃の矢を向ける」類のユーモアである。このユーモアを心に抱くには、「逆境や困難」に対する「反撃」は不可能ではないと考えられなければならないし、そのためにはものの二面性を見る力が必要である。日本人がペーソスを含んだユーモアの次元に留まり、反撃のユーモアに消極的なのは、この能力が足りないせいだと織田は考えている。なるほど、ペーソスの笑いは、「逆境や困難」に向き合い、自分の不完全さをあらわにするひとの有様に注目するのだけれども、そうした「逆境や困難」が乗り越え不可能ではないかもしれないと思う力に日本人は乏しい。斎藤茂吉の句で言えば、陰毛の白髪を見つめるのは自分の「老い」という「弱さ」と向き合うことで、それは「弱さ」の容認にはなる。けれども「老い」という「困難」を否定するには及ばない。ペーソスを含むユーモアが行うのは、「逆境や困難」に対する疑念や否認ではなく、むしろその是認である。「弱さ」の容認はそうした諦観とともになされるのである。

ものの二面性を見る力と並んで、織田はユーモアには「第三者の目」が必要だとする。「ユーモリストと呼ばれる人びとは、しばしば自分の失敗談を他人に披露し、聞き手といっしょになって笑います。それは失敗する自分を第三者の目で客観的に眺めるもう一個の目を持っているからです。自分自身を第三者の目で見る能力、それがユーモアの感覚を構成する大きな能力の一つです」(67、264頁)。そして、日本人はこの能力にも乏しいと織田は指摘する。

ただし、こう考えてみると、「第三者の目」が見るべきは、自分の失敗だけではない。それを「失敗」と思わせている成功の基準や完全さの基準を冷静に見る目がなければならない。それを絶対的なものとして見てしまう目とは別の目でものを見る力がなければならない。松本人志は、「間抜け」な状況から「結局逃げられへん」と考える。だが、本当にそうなのか。逃れられないと思っているだけではないのか。なぜ日本人にはユーモアが乏しいのかについて、日本人は竹を割ったような性格をよしとする一方で、老獪さやひねくれ根性を認めたがらないところがあると織田は言う。「この性格はあまりにも幼稚で、一人前の成人としては未熟を思わせさえするのですが、なぜか日本ではこのような性格が愛されるのです。そして、ユーモアの感覚がもっとも住みにくい場所が、実は竹を割ったような性格なのです」(67、301頁)。

こう考えてくると、もしも先述したような松本の笑いが日本のお笑いの一つの頂点であるとするならば(多くの芸人たちや芸術家たちが松本の笑いを特別に高く評価しまた尊敬の念を惜しまずにいるのは事実である)、それが指し示すのは、日本の笑いの高度さよりも、日本の心理的未成熟さであると捉えるべきかもしれない。

コント55号の坂上二郎は「竹を割ったような性格」を演じた

コント55号の坂上二郎は、ここで言う「竹を割ったような性格」の男を演じていたのかもしれない。萩本欽一が繰り返し放つサディスティックな指令に、不器用にただただ真正直に応答する。その必死な様が切なくて間抜けでおかしい。それが彼らのコントの特徴である。

「ワイロの渡し方」というコントを見てみよう。萩本（社長）のもとに坂上（別会社の社員）がカバンを携えてやってくる。落札の礼を言いながら、坂上は分厚い札束を無造作に取り出して渡そうとするが、萩本はたしなめる。反省して坂上は帰ろうとするが、渡し方が良くないだけだと、萩本は坂上にワイロの渡し方の指南を始める。なにげなくしろ。私の目を見るな。出し方が早いと言えば、次は遅いと言う。良し悪しの決定権は完全に萩本が握っているので、坂上は一生懸命応答するしかない。なにげなくワイロを渡す練習を何度も試みる。だが、うまくいかない。萩本に翻弄され、怒られ、坂上が「間抜け」さをあらわにすればするほど、客席から笑い声が聞こえる。坂上から「老獪さ」や「ひねくれ根性」が、ひょっこりと顔を出すことがないわけではない。萩本の目を盗み、おかしな即興を繰り出すこともある。だがそれは、萩本と坂上の関係を反転させてしまうほどではない。織田の言う「第三者の目」を、坂上が演じるキャラクターは持っていない。筆者はコント55号世代ではない。だから理解できていない部分があるかもしれないが、萩本の指令に勤勉に応える坂上のキャラクターを見ていると、当時流行した「モーレツ社員」という言葉を筆者は連想してしまう。

ペーソスは優越の笑いに似ている

ところで、掟に抗えない人物を「間抜け」だなと泣きながら笑うのがペーソスの笑いであるならば、それは優越の笑いと構造的に似ていると言えないだろうか。『街の灯』に限らず、チャップリンの笑いにはペーソスの味わいが濃密に含まれている。さてその際、チャップリンのパフォーマンスは、世の中に翻弄される無様さを観客に振りまく。その間抜けさは一方で、優越の笑いそのものである。先述したホイッスルの場面でも良いのだが『街の灯』の冒頭に例を求めてみよう。平和と繁栄を象徴する彫像の落成式が行われている。いざ、白い被せ物を取り去ると、チャップリン扮する浮浪者の男が彫像の膝の上でスヤスヤと寝ているのだった。大観衆に気づくと、男は慌てて降りようとして、ズボンの尻を彫像の持つ剣に突き刺してしまう。男は宙ぶらりんになって、身動きがとれない。このパフォーマンスが狙っているのは、不恰好さであり、観客は優越の笑いで笑うよう促されている。

優越の笑いがペーソスの笑いへと転換するかどうかは、観客の眼差しの中に愛がともなっているかどうかにかかっているように思われる。チャップリン扮する男に、嘲笑の気持ちしか寄せられないのであれば、この観客のうちにペーソスの笑いは生まれないだろう。そう考えると、第一章に例示した、寝ぼけてリモコンを冷蔵庫に入れてしまった学生の妹は、この学生のために笑ってあげたのだが、嘲笑の笑いを装っているとしても、そのときの妹の心はおそらくペーソスの心情に近いところを揺れ動いていただろう。さらに綾小路きみまろや毒蝮三太夫の中にも、同様の心情の傾きが生じていると捉えられそうである。
一方、チャップリン自身はユーモアについて、一つの小話を挙げながら、これとは異なる考えを提示している。

ちょうど葬式がはじまろうというとき、一人の男が遅れてきて、しのび足で席に急ぐ。ところが、その席には会葬者のひとりがシルクハットをおいている。遅参者は、急いだあまり帽子の上に腰をおろしてしまう。あわてて、にわかにむずかしい顔になり、無言のまま詫《わ》びをこめて、ペシャンコになった帽子を持主にわたす。相手は明らかにむっとなった様子だが、さりとて声をだすこともならず、そのまま受け取って、葬送の言葉を聞いている。これで厳粛な一瞬がたちまち滑稽に変わるのだ。(48、64頁)

遅参者にフォーカスすれば、慌ててしでかしたへまに、嘲笑に似たペーソスの笑いを見出すこともできるだろう。しかし、仔細に読むとチャップリンのフォーカスは別のところに向けられている。チャップリンが注目するのは、ペシャンコの帽子に憤りが隠せないとはいえ、それを明白に表現できずに黙っている帽子の持ち主の様子から「厳粛」さが一転、滑稽へと変貌したところである。チャップリンの喜劇からペーソスを受け取ることが間違いだと言いたいわけではない。ただし、発端は「へま」であったとしても、それらが引き出す次のような側面にチャップリンはユーモアの真髄を見ており、その事実を見過ごすことはできない。

つまり、それは、一見正常に見える行為の中に見出《みいだ》されるきわめて微妙なずれである。別の言葉でいえば、われわれはユーモアを通して、一見合理的なものの中に非合理を見、重要に見えるものの中に取るに足らぬものを見てとる。（48、63頁）

遅参者の小さな「へま」が、葬式における厳粛さという掟を揺るがし、価値の転倒する可能性を垣間見せた。このところに、チャップリンの強調点がある。しかも彼は先述したように、こうしたユーモアが人間の「健全な精神」を支え人間に「均衡感覚」を与えるのだと言う。同じようなことを、シャフツベリも考えていた。「上機嫌（good humour）」は、誤った真摯さや衒学《げんがく》、偽りの信心を「嘲笑の検討」に付し、私たちを狂信から防いでくれるものである。ユーモアは、私たちが社会の中で信じ込んでいる掟に、ペーソスとは異なり服従ではなく、否認で応える。ひとが真なるものだと思わされている何かを裏側から見ようとしたり、囚われから解放された地点から世界を見ようとしたりするユーモアは、その掟が真に従うべきものであるのかを精査する力、ことの真理を見定める力とも捉えられるのである。

すると、こう考えられはしないだろうか。優越の笑いにおいて「笑われる者」は、他律的に自己のアイデンティティを形成するよう仕向けられる。「間抜け」と笑われることが「笑われる者」を「間抜け」にする。これとは異なり、ユーモアの気分の中では、ひとは優越の笑いがもたらす真面目な強制力に圧倒されないでいられる。その分、ユーモアの気分の中では、ひとは自律的でいられるのであり、ユーモアが指し示すものに従いつつ、他者に自分を奪われずにいられるのである。

「OBAKA'S大学」のメッセージは日本社会を変えなかった

今日の日本において、ペーソスを含んだユーモアとは異なる——弱さと諦観に留まらない——ユーモアが首尾よく展開されるなどということは稀有であると言う他ない。

二〇一六年に放送された日清カップヌードルのCMシリーズには、ペーソスに傾かないユーモアというものを日本社会に振りまく予感がした。「OBAKA'S大学」という架空の大学の学長を演じるビートたけしは「銅像」のまま廊下を悠々と歩き、「銅像」のままスクーター（ビートたけしは一九九四年にスクーターで事故を起こし、顔面を骨折する大怪我を負っている）を乗り回し、そして、視聴者に次のようなメッセージを発信する。

バカになる。それは自分をさらけ出すことだ。
あんた自身が生き方を貫くってことなんだよ。
世間の声とかどうでもいい。
大切なのは自分の声を聞くってことだろ。

お利口さんじゃ時代なんか変えられねえよ。

諸君、いまだ！　バカやろう！　（日清カップヌードルＣＭ　OBAKA'S UNIVERSITY）

ここで対比されているのは「自分」と「世間」である。世間を大事にするのは「お利口さん」かもしれない。けれども、「お利口さん」は「時代なんか変えられ」ない、とたけしは呟く。その一方でたけしが促すのは「自分をさらけ出して」自分の「生き方を貫」き「自分の声を聞く」ことである。だからここで「バカ」をやるとは、世間の圧力に屈しないで、自分を生きることなのである。


こんな時代にバカをやる。

それ自体に意味なんてない。

叩かれて、叱られるだけだ。

でも、オレたちはバカをやる。

それは、時代を変えるためじゃない。

時代に、テメェを変えられないためだ。

学長　ビートたけし　（日清カップヌードルＣＭ　OBAKA'S UNIVERSITY）

このシリーズの最初のＣＭはまさに「叩かれて、叱られるだけ」となってしまい、一週間で打ち切りになった。小林幸子、新垣隆、畑正憲（ムツゴロウさん）など当時尖っていると思われていた人物たちが出演し、大学の講師役を務めていたことは話題を呼んだ。なかでも矢口真里（元モーニング娘。）の出演が問題となった。当時、矢口は自分の浮気が発端とされる不倫騒動の渦中にあった。CMの中の矢口はTEDばりの雰囲気を醸した講堂の壇上で、学生たちに「二兎を追うものは一兎をも得ず」と語りかけた。この場面に、クレームが殺到した。その結果、皮肉なことに、自分を貫けとのメッセージを世に訴えたCMが放送中止に陥り自分を貫けなくなってしまったのであった。

しかし、おそらく問題は日清というより、中止に追い込んだ私たち日本社会の側にあると考えるべきであろう。このCM中止は騒動となり、多くのコメンテイターが自説を展開した。茂木健一郎は「この程度のCMで中止とは、今の世の中の不寛容の程度が計測できて興味深い」とブログでコメントした。日清の社長は、謝罪文の中で「若い世代の方々にエールを贈る」ことが趣旨であったと述べている。私たちは、このCMが伝えようとしたメッセージ（東スポWebは「閉塞的な社会を生きる若者にエールを送る」ものとこのCMを称していた）をうまく摑みとることができないまま、CMを批判し、また中止という事態にしっかりと対応できずに静観してしまった。「浮気女がしれっと大学で講師を務めているCMなんてけしからん」というクレームが「掟」となって日清という会社に迫り、会社はその「掟」に屈してしまった。結果的にこのとき日本社会は、時代と対峙しながら時代に負けまいとする自己肯定性（ユーモア）よりも、時代の「掟」の方をとってしまったのである。

3　お笑い以外のユーモア戦略

島袋道浩は震災を「人間性回復のチャンス」と考えた

ならばユーモリストは、今日の日本社会のどこにいて、どんな活動をしているというのだろうか。芸能やテレビの世界から目を転じて、メディア・文明批評家のマーシャル・マクルーハンに倣い、芸術家の中にユーモリストを探してみることにしよう。

ユーモアは、コミュニケーションのシステムとして、また、われわれの環境の――本当に起こっていることの――探索として、もっとも訴求力の強い反環境ツールをわれわれにもたらす。理論ではなく直接的な経験を扱うこの道具はしばしば、変容しつつある知覚のもっとも有益なガイドとなる。（68、94頁）

マクルーハンは、ユーモアをこう定義した上で、「詩人、芸術家、探偵――われわれの知覚を研ぎ澄ます者はだれでも反社会的になりがちである。彼らは滅多に「適合者」にはなれず、時代の趨勢に合わせてやっていくことができない」（68、90頁）とユーモリストの姿を描出している。彼らは「裸の王様」を見て、何も着ていないと知覚できる。この知覚を阻害しているのは社会であり、この社会と適合している限り、利害しか目に入らず、裸であること（＝新しい社会・新しい環境）が見抜けない。ユーモリストは、反社会あるいは反環境のスタンスから、知覚を刺激する「道具」を私たちに受け渡す存在なのである。

例えば、『人間性回復のチャンス』（一九九五年）という作品の作者、現代美術家の島袋道浩はどうであろう。阪神・淡路大震災で大変な被害にあった神戸市須磨区の友人の家（その家は線路沿いにある）の上部に、島袋は「人間性回復のチャンス」という文字の躍る看板を掲げた。その様子を語る写真には、隣の家を撤去するクレーン車が写る。震災から約二ヵ月が経過した、まだ震災の惨状が生々しく残る状況である。その状況を単なる悲劇として扱うのではなく、むしろ「人間性回復」の「チャンス」というポジティヴなメッセージを発する機会とすることで、島袋は人々を鼓舞する。島袋はこう言っている。「そんな悲しく大変な状況の中だったけれども、地震直後にはいいこと、美しいこともあった。知らない人同士が本当に自然に声をかけあい助け合ったこと。人間が人間を本当に思いやったこと。しかし時間が経ち、町が落ち着いてくるにつれ、そういう良かったことも急速に無くなっていった」（69）。悲劇として一面的に扱いがちな出来事の中に確かにあった「美しいこと」を、人々に思い出させる素っ頓狂な一言は、社会の流れに逆行する視点を見る者に提供するのである。

Chim↑Pomとラースンは美術の世界でユーモアを活用する

芸術的なユーモア表現には、社会の見方を変更するよう促す力が宿っている。日本のアーティスト集団Chim↑Pomは、こうした芸術におけるユーモアの活用を積極的に推し進めてきた。一例を挙げるならば、彼らの初期作品に『アイムボカン』（二〇〇七年）がある。これは、女性メンバーのエリイが自分をセレブと捉え、それならば私も故ダイアナ元妃がしたように地雷撤去を実施しようという無茶なアイディアから始まったプロジェクトで、カンボジアに滞在し、地元の若者たちと作品制作を行い、最終的には地雷撤去の際の火薬を用いて作品やエリイの私物（ルイ・ヴィトンのバッグ、プリクラ帳など）を爆破した。さらにそれら爆破の跡を残したオブジェ群を日本に持ち帰ってオークションにかけ、集まった収益をカンボジアに寄付した。この一連のプロジェクトは、当時の「自己責任」が声高に求められ、そのせいで自主規制に走る若者の閉塞感を「なぞろうとした」ものとChim↑Pomは説明している。「個人の勇気はいいように社会に去勢されていく。それをメッセージとして言うのは簡単ですが、僕らはそれを「勝手に行動すること」で検証したかった」（70、41頁）。また、こんなことも彼らは言っている。

「地雷撤去」と言うと、慈善事業で「救う」べき悲劇の物語を連想しますが、現地の人たちは地雷を爆破するときに楽しんでいるふしもあります。つらくて苦しいだけではやっていられないわけで、彼らには笑いやユーモアが必要です。だから僕らのイベントは彼らにとってはレクリエーションでした。（70、37頁）

「救う」べき「悲劇」と想像していたらカンボジアの人々は地雷の爆破を「楽しんで」いたとは、拍子抜けの感がある。まさにユーモアについてフロイトが述べた感情消費の節約を物語るエピソードである。先入見で判断しがちなところをワイルドな行動力で現場（状況）へと入り込んでゆき、先入見の範疇では想像不可能な地点へと到達してしまう。それは、実にChim↑Pomらしい戦略であり、ユーモア特有の前向きさに満ちみちている。

著書『芸術実行犯』で、私たちの社会の見方に変更を加える、彼らと同類の芸術家（「芸術実行犯」）たちを紹介しながら、とくに「毎回ユーモアに溢れている」とChim↑Pomたちが評価するのは雑誌『アドバスターズ』のカレ・ラースンである。エストニア出身のラースンが刊行している『アドバスターズ』は、タイトルに広告（ad）を退治する者（buster）という意味が含まれている通り、広告を一切載せないスタイルで、その表紙もパロディや諷刺がふんだんに盛り込まれている。

ラースンは自分の方法を「カルチャー・ジャミング（消費主義文化の創造的破壊）」と呼んでいる。例えば、「無買デー」と言って、クリスマス・シーズンの始まるころにものを買わない日を設けようと説くキャンペーンがよく知られている。あるいは「永遠の森」を謳う材木会社のイメージアップCMを批判して、ラースンは「秘密の森」というショート・フィルムを製作し、テレビ会社（CBC）にこのフィルムの放送権の購買を求め、断られた。「永遠の森」を賞賛するCMの陰で、この材木会社は森林伐採後に養生せず、川の水を濁らせ、鮭が減少してしまうという事態を惹き起こしながらも、相変わらずCMの放送は続けられていた。この事態にラースンは「報復」を行った。この現状を

ＴＶ、ラジオ、新聞で精力的に伝えたのである。自分たちのＣＭは結局放送されなかったが、「永遠の森」のＣＭも放送が停止されることとなった。

テレビなどのメディアが垂れ流しし続けている消費主義的スペクタクルから人々を引き剝がし、彼らが主体的で自分独自のものの見方を獲得するよう促すのが、ラースンの社会運動である。「ぼくらは思考操作のまっただ中にいるんだ。気がつかないうちに企業のロゴや商品の存在に影響されている。録音された笑い声につられて笑うのと大して違いはない。こういったシカケにすっかり囲まれているのに、意識の上ではほったらかしだ」（71、45頁）と、『さよなら、消費社会　カルチャー・ジャマーの挑戦』でラースンは言う。彼が時折指摘する広告を用いた思考操作が、テレビなどのバラエティ番組での笑いの操作と類似しているとする見方は実に興味深い。「さて、きみは笑ってしまった。なぜなら「笑え」という合図があったからだ。アメリカのバーバンクにある放送会社がカネをかけて確実に視聴者が笑うように工夫を凝らしているんだ。テレビの前のきみと、テレビの中の観客が笑うのはまったく同じタイミング。そしてその笑い声は少々デジタル加工ずみ」（71、43頁）。私たちは積極的に笑おうとしていなくても、テレビの前で合図（番組の製作者が追加した「笑いの缶詰」の効果音）に促されると、つい笑ってしまう。第二章の終わりに触れたことだが、ラースンはあの「笑い声」を経済の問題として解釈するのである。オートマチックに従順に、多額の資本を投入した美しく力強いＣＭに魅了され、購買意欲を刺激されることはそれ自体、私たちにとって強い快楽となっている。雑誌やＣＭという消費主義的スペクタクルの発信源をあえて用いて、つまり「転用」というやり方を効果的に駆使して、ラースンはその状況に攻撃を繰り返してゆく。

さて、ラースンのこうした活動は、ユーモアの面がまったくないとは言い切れないとしても、攻撃性が強く、ユーモアと言うよりも、より正確には諷刺の精神に満ちていると言うべきであろう。『諷刺の芸術』を書いたマシュー・ホジャートによれば、諷刺とは「悪徳、愚かさ、悪習慣というような、すべての種類にわたる悪を告発したり、暴露したり、あざけったりするために、皮肉やアイロニーや哄笑等々を駆使して、話したり書いたりすること」(72、19頁)である。なるほど諷刺を生み出す精神が怒りを基調とするように、『さよなら、消費社会』に漂うラースンの心情は、怒りに満ち溢れている。そうであればあるほど、ラースンの表現にユーモアを見出すことは難しくなる。「野兎といっしょに駆けっこをするのがユーモリストで、犬を連れて狩をするのが諷刺家」(72、155頁)という小説家ロナルド・ノックスの言い回しが示唆するように、諷刺とは異なり、ユーモアは相手の攻撃に終始するものではない。

ゼウスのユーモア戦略は合気道精神になぞらえられる

その点で言えば、「芸術実行犯」の一人であるゼウスは、もっとも戦略的でユーモアの要素の濃い作家である。フランスのアーティストであるゼウスは二〇〇二年にベルリンで『ヴィジュアル・キッドナッピング(視覚の誘拐)』というパフォーマンスを遂行した。そこで彼は、ベルリンのホテルの屋上に掲げられたコーヒーブランド、ラバッツァ社の巨大なポスターにカッターを差し込み、女性モデルの姿を切り抜くと、その「モデル」を近くのギャラリーに「誘拐」したのである。翌日には警察がギャラリーに現れたものの、ゼウスはスーツケースに「人質」をしまってベルリンから逃げた後であった。潜伏しながら、「人質」の指を切断してラバッツァ社に送りつけて身代金を要求したり、「人質」の処刑に賛成するか否かを問う投票を実施したりと、彼は「誘拐」行為を継続させた。最終的には、ラバッツァ社はゼウスの誘いに乗り、最後の表現の場となったパレ・ド・トーキョーに小切手を送ったのである。

逮捕すれすれの危険を冒しながらゼウスが実行したのは、広告というものが公衆に購買意欲に向けたプレッシャーを与え、人々の関心を奪う振る舞いに「人質」的状況を見て取り、それへの対抗策として広告モデルを逆に「人質」にすることであった。また――これがより重要なのであるが――、ゼウスのこうした異議申し立ては、自分の仕組んだゲームに相手を巻き込み、相手に自分のゲームのプレイヤーを演じさせ、そうすることで、ゼウスとラバッツァ社の双方によるいわばユーモア精神の共有を引き出した。ラバッツァ社が事件発覚後、すぐに警察に訴えたのは、私たちが通常とる法的な振る舞いであろう。ただし、ラバッツァ社はそれをただ押し通すことに終始せず、態度を変更していった。一方がおかしなことをけしかけ、もう一方がそのおかしさに乗っかるというとても稀有な出来事が起きたのである。

ラバッツァ社には、ゼウスの促しに乗らざるを得ない理由が一つあった。例のポスターの下部には「自分を表現せよ（Express yourself.）」というロゴが躍っていたのである。おそらく、ラバッツァ社の方はこんなことが起こるなどとはまったく予期しないで、こうした文句をいつものように貼り付けたのだろう。しかし、ゼウスのパフォーマンスは、このメッセージへの率直な応答と解釈することもできる。実に周到である。ゼウスの「自己表現」を否定してしまえば、彼らは自分自身を否定することになる。逆に言えば、ゲームに応じたことで、ラバッツァ社は若いアーティストの表現を支援する（また十分な宣伝効果を引き出す）ことになり、ゲームが展開したことで、ゼウスは自分のパフォーマンスを完遂することができた。もちろん、批評家の中には、このウインウインを批判する者もいたそうである。Chim↑Pom はこの出来事についてこう述べている。「人間の行動をすべて法律や倫理でぶった切るのではなくて、なかばジョークによってお互いのユーモアや寛容度をテストし合う。そうやってジョークが通じる新しい社会を生み出していく。「戦争」ではなく、ガチにコミュニケーションをとろうとするからこそ、ユーモアが欠かせない。ただのフラストレーションの発散や落書きと違い、広告主もユーモアによって試されるわけです」（70、128－129頁）。

Chim↑Pom によれば、ゼウスの行いは「ガチにコミュニケーションをとろうとする」ものである。法や倫理に訴えるのではなく、また暴力的手段で押しつぶすのでもなく、相手の投げかけに乗っかってみること。そして、その乗っかる行為は「テスト」を含んでいるという指摘も面白い。アーティストは過激なパフォーマンスを実行に移すことで、社会に「ユーモアや寛容度」があるかを試しているというのである。ユーモアは適当にごまかすことのできない「ガチ」のコミュニケーションへと人々を巻き込んでゆくのであり、コミュニケーションに巻き込まれた人々を「テスト」するのである。それに対して「戦争」という手段は、そうした「ガチ」の出会いを強引な暴力によって粉砕してしまう。

ところで、Chim↑Pomが「ガチ」のコミュニケーションと称したポイントを、興味深いことにゼウスは合気道になぞらえている。

合気道における入り身の所作のように、敵の守りに潜り込み、その力を吸収するやりかたです。《ヴィジュアル・キッドナッピング》はブランドの力を、そのブランドそのものに対抗させるよう利用しています。それはいわば、押し付けられた広告のシステムの中で人々がどのようにしてアクティブになれるかを公に示すことで、与えられたシステムに対し人々が反応することのできる、インタラクティブなゲームを導入するようなものです。(73、58－59頁)

合気道とは、敵の力を利用して敵を倒す武術である。「入り身」とは、それを実践する際の基本的な動作を指しており、相手との距離を縮め、相手の間合いに入ることであるが、その際、その能動的な動作は相手の働きかけを受け止める受動的な動作でなければならない。敵と自分とが互いに能動であり受動であるというような状況を念頭において、ゼウスは自らの仕掛けを「インタラクティブなゲーム」とも呼ぶ。ユーモリストとは、自分を取り巻く状況に対して／とともに、こうしたゲームを遂行する者なのである。

ヨシタケシンスケは「品のあるユーモア」できちんとふざけようと言う

今度は、突然だが絵本の世界に目を向けてみよう。絵本作家ヨシタケシンスケに『このあとどうしちゃおう』という一冊がある。冒頭で、おじいちゃんが逝去する。孫は形見から一冊のノートを見つける。そこには「じぶんが　しょうらい　しんだら　どうなりたいか　どうしてほしいか」が絵と文字で書かれてあった。絵本はその後、それ自体がおじいちゃんのノートという体裁で進む。「このあとのよてい」「てんごくにいくときのかっこう」「こんなかみさまにいてほしい」といった項目ごとに、おじいちゃんが繰り広げた想像の一つひとつが、絵と文字で綴られてゆく。ヨシタケの絵本の特徴として、いわゆる物語的要素が濃厚ではない代わりに、一つの問いに対していくつもの回答を列挙する形式が挙げられる。例えば「こんなかみさまにいてほしい」に対して、

いままでのおもいでばなしをおもしろがってくれる
だれにもいえなかったことをきいてくれる
「アレはかみさまのせいなんじゃない?」とか、もんくがいえる（74）

などといった言葉とそれに添えられた絵がいくつも並べられる。

孫は、おじいちゃんの残したノートを読み、ワクワクして、おじいちゃんは天国に行くのが楽しみ

だったのかなと想像する。だが、ふと、別の考えが浮かぶ。「もしかしたら　ぎゃくだったのかもしれない」。おじいちゃんは死ぬのが怖くて寂しくて、だからこれを書いたのかもしれない。

おじいちゃんが死んでしまっている以上、この問いの正解は永遠にわからない。けれども、唯一の正解がわからないとしても、ああでもないこうでもないと答えることはできる。絶対的な不可能事に直面して、私たちは絶望する。そのまま「永遠にわからないこと」と封をしてしまうのも潔い振る舞いではある。一般的な予想をもとに「きっとこうだろう」と一個の断定を下すことも可能だ。ただし、もう一つ別の道として、試しに戯れに一般的な予想とは別の何かを想像してみることもできる。これという正解は永遠にでない。その分、あれやこれやの回答は思いつく。ヨシタケは本書の付録に載ったインタビューの中で、こう述べている。「たとえば「死んじゃいたい」と思いつめている子に、「死んではだめ」と言う前に、その子の視界がひらけるような、冗談なり小話なりといったものを大人がいかに持つか」（74、付録のインタビューより）。

「死んじゃいたい」という子供の気持ちと「死んではだめ」という周囲の思いとの狭間で、子供に「死んじゃえば」とも「死ぬな」とも安易に言わないという空間に、ヨシタケは私たちを導こうとする。その狭間を開くことが、余裕ある豊かな世の中であり、それには「品のあるユーモア」がなければならないとヨシタケは静かに訴える。「死は茶化しちゃいけないっていうムードがあるけど、世の中ふざけながらじゃないと話しあえないこともたくさんある。この本で「あたらしいふざけ方、向きあい方の提案」ができたらいいな、と思っています。僕が思う余裕のある世の中、豊かな世の中とは、どんなテーマでも「品のあるユーモア」で、きちんとふざけられる世の中のことだと思うのです」(同前)。

先にも触れたように、ヨシタケの絵本は、「もし○○だったら」と読者に問いかけながら、ヨシタケ本人が「△△かもしれない」という回答を一個のみならず複数個挙げる形式をしばしばとる。この形式は大喜利によく似ている。大喜利のように、ヨシタケの絵本はめくる度に、お題とその回答が出てくる。大喜利の場合、問いに対して一般的な回答だけは避けなければならない。一般的な回答は、一見正しい。けれどもそれは、ユーモアの視点から見れば何の価値もない、つまらない返答に過ぎない。ヨシタケが複数の回答を用意するのは、「品のあるユーモア」の立場から、一個の一般的な回答が正解とは限らず、だからそれ以外の回答を探して「ふざける」可能性を、読者に気づかせようとする振る舞いなのではないか。

日々投げかけられたお題に答えるのが、私たちの人生である。ひとはそこで一般的な正解を探すかもしれない。しかし、生きるとは自分の人生を生きることであるならば、本当は大喜利のように、日々繰り返される同じ課題を、前回どう答えたかやひとはどう答えるのかを一旦キャンセルして、その都度新鮮な状態で答えなければならないはずである。ドゥルーズは「反復」というキーワードでこのことを考えた。反復は、法則ではなく奇跡に属し、一般的なものに反して特異性を表現する。そして、この反復はユーモアに属するとドゥルーズは言う。ドゥルーズにとってユーモアは、マゾヒズムに関連するものである。マゾヒストは、その従順さからして、一見すると法則にただ闇雲に従っているように見える。しかし、それはただの服従ではなく、服従の振りを見せながら、むしろ世界を否認し、世界を宙づりにして、自分の夢へと耽溺するためにそうしているのである。先述したように、ペーソスの場合、法則の是認へと傾くのだが、ドゥルーズが捉えるマゾヒストは、「慇懃さによって無礼となり、服従によって反逆する」（75、137頁）のである。それと構造的に似て、大喜利の回答者は、回答するという仕方でお題に服従しているように見えながら、観客の一般的な想像を超えた、思いもかけない回答を提出することで、笑いを奪取するのでなければならない。そうして真面目さを装いつつ、遊びを遂行するのでなければならない。

大喜利の回答者はそれでも、テレビやホールの大喜利的企画という「笑いの空間」の枠組みで思いもかけない回答を競えば良いのだが、人生という大喜利にはそうした限定はない。一日一日、一瞬一瞬の私たちは、人生という大喜利の回答者なのである。先にも取り上げたフランクルは、人生の意味を問うときに大切なのは、カントが「コペルニクス的転回」と呼んだような転換であると考える。すなわち、ひとは「私は人生にまだ何を期待できるか」と問いがちであるが、問うているのは私たちというより人生の方ではないか。つまり、私たちはむしろ「人生は私に何を期待しているのか」と問うべきである。社会が私たちに促してくるこれが人生であるというモデルに従わずに、むしろ人生に問われているものとして自分の人生を生きる。人生とは、答えることである。

私たちが生きていくことは答えることにほかなりません。そしてそれは、生きていることに責任

を担うことです。(76、27−28頁)

向谷地はべてるの家でユーモアを育てている

今度は、障害者を取り巻く現場に目を移してみたい。北海道浦河郡浦河町、襟裳岬に近い海辺の町に、浦河べてるの家(以下、べてる)と呼ばれる社会福祉法人・有限会社がある。彼らは主に精神的な病を抱えた多くの人々とともに名産の日高昆布の販売、それに介護用品の販売などを行っている。共同住居・共同作業所を備えた彼らの活動は、精神科の患者たちが退院後の生活を営むために、古い教会の会堂を住居として借り受けるところから出発したという。

彼らを有名にしたのは、一つに、ユニークなモットー(理念)の数々である。例えば、「安心してサボれる職場づくり」「手を動かすより口を動かせ」「偏見差別大歓迎」「幻聴から幻聴さんへ」「べてるに来れば病気が出る」「勝手に治すな自分の病気」「苦労を取り戻す」「それで順調」などである。こうした驚くべき彼らのユーモアは、多くの人々の心に突き刺さり、思考の転換を静かに促してきている。

この活動の設立に大きく寄与したのが、浦河赤十字病院に勤務するソーシャル・ワーカーだった向《むかい》谷地《やち》生良《いくよし》である(もう一人重要な存在は、同じくユーモア精神を持った精神科医・川村敏明である)。向谷地らしいユーモアの一例を挙げてみよう。浦河町で燃料会社を経営する小山直が、地域のパソコンサークルの新年会にべてるの代表者として向谷地を誘ったときのことである。そこで、向谷地がこう自己紹介したと小山は回想している。「べてるのモットーの一つに、〝べてるに交われば商売繁盛〟というのがあります」。今となっては、浦河町にはべてる目当ての見学者が多数訪れており、町の経済にとって欠かせない存在になっているが、このころ（一九九一年）のべてるはまだ、地域住民のほとんどが知らない、不可解な施設でしかなかった。その代表として現れた新会員の向谷地を見て、個々の会員は緊張と不安を抱いていたに違いないと、小山は振り返る。そうした状況の中、言い放った向谷地の一言は、その場の雰囲気を一転させる強烈なインパクトを帯びていた。

私たちは皆そのとき、氏のユーモアのセンスに感心して笑ったのです。またこういうときの向谷地氏は、いかにも悪戯っぽい目をして話をします。むろんいまとなっては、それが一席の冗談などではなく、本気で話をしていたことは明らかなのですが、私たちには「ぼく、将来はイチローのような野球選手になる！」という小学生のように微笑ましくもあったのです。（77、4頁）

べてるはちょうどこのころ、昆布の販売事業に乗り出そうとしていた。社会復帰のための作業所として行政の指導を受けながら進めていたら、膨大な書類作成や地域住民からの反対運動で頓挫していたかもしれない。しかし、ビジネスとして行うと主張することで、むしろ漁協など地元の人々は彼らを歓迎してくれたのだそうだ。事業のためにパソコンを導入したいという希望を知って、べてるの支援に手を挙げたのが小山であった。

こうしたべてるの活動を支えているのは、ダイナミックな価値転倒の思考である。「安心してサボれる職場づくり」というモットーは、その代表的言辞であろう。浦河赤十字病院から退院して、ホームセンターの配達仕事を任された下野勉は、ストレスがたまり、精神的に追い詰められた挙句、再度入院したくて、初冬の海に飛び込むという無謀なパフォーマンスをしてしまう。無事入院を果たした下野を、医師の川村は「鮭でも獲ろうとしたのかい」と彼流のユーモアで迎えたという。そのとき、下野は「安心してサボれることの大切さとむずかしさ」を知り、一人でしていた仕事を一〇人のローテーションで回す仕組みをつくった。べてるではこれを「弱さの情報公開」と呼ぶ。弱さは隠すべきものではなく、むしろ公開し、シェアすべきものである。こうした価値の転倒があってこそ、下野は安心してサボることができ、また、サボれるワークシェアの仕組みによって就労が続けられるようになったというのである。

とはいえ、弱さを公開することには、通常、危険がともなう。弱さを表明することで、社会の落伍者というレッテル貼りの格好のターゲットにされてしまいかねないからである。そもそも、精神疾患のある患者は自分の症状を正直に医者に言いたがらないらしい。言うと薬が増え、入院が長引くなど、望まぬことになるからだ。弱さは隠すもの、するとひとは嘘をつくようになる。自分を隠して、できる自分を他人にアピールする。しかし、その嘘がかえって問題をこじらせてしまう。

そうした状況に対して、川村はユーモアの価値をこう説いている。「ソーシャルワーカーや看護スタッフと協力して、思ったことを言える治療の場をつくりたい。事実と現実と向きあえる、そんな場をつくりたい。そのために私たちは、ユーモアをとても大切にしてきました。現実のまえに、精神科医をはじめとして、みんなはたいへん弱い存在だと思います。ユーモアはとても大切な要素でした。そして私たちは安心できる関係をなによりも大切にしてきました。けっして特別なことをしてきたわけではありません」（78、219－220頁）。弱さの情報公開とは、実は患者たちのみならず彼らを助ける側の弱さの開示も含んでいるのである。

ところで、べてるのメンバーたちが安心できる環境づくりにもっとも貢献しているのは、「手を動かすより口を動かせ」のモットーにあるような、べてる流のコミュニケーション志向のようである。べてるは頻繁にミーティングを行う。そこでは、小さな悩みでもメンバーたちに話し、共有することが目指される。それはいつか「当事者研究」という形へと発展した。自分の悩みや病気をその問題の当事者として自ら研究するのである。「研究」という呼び名は、自分を問いつつ、問いを普遍的な広がりへと仕向けてくれる。そして、こうした方向性は、べてるが重視している「外在化」という方法と関連する。べてるのメンバーは自分で自分の病名を付け、しばしば自己紹介の場面でそれを披露する。「精神バラバラ状態」「人間アレルギー症候群」「統合失調症サトラレ型」「統合失調症全力疾走型」など。こうした命名の行いは、第一章で触れた毒蝮三太夫の「ババア」や第二章で扱った「あだ名付け」を思い起こさせるところがある。どれも名前を付ける対象の中に潜んだ特徴を発見し、それを可視化する行為である。それらは「外在化」という方法に発展する可能性を含んでいるのである。そこ「べてるのメンバーによる市民相談会」というワークショップが実施されたときのことである。そこでは、べてるのメンバーを相談相手に、集まった参加者たちは自分の病名・症状を「外在化」していった。ある中年サラリーマンは、自分を「なんでも引き受け病」と名付けた。名称の通り、仕事で求められると、嫌われることを恐れて、断れない、とこの男は告白した。するとべてるメンバーは、「病気になれば人にものを頼まれなくなるから、いっそのこと病気になるか、そんな会社を辞めるか……」と答えた。会社を辞めたら食べていけないし、と男が真顔になると、メンバーは「そんなことないよ。生活保護を受けたらいいですよ」とまさにユーモラスな返答をして、会場は爆笑に包まれたという。べてるは、こうして対話する者たちを病気にする。誰にでも潜在している（隠している）病気（と言うと言い過ぎならば「弱さ」）を外在化し、当人に見つめさせ、その存在を肯定させる。「私は自分が考えているよりも、随分と器用に人生を送り始めていたことを知らされました。そしてべてるとは、私たちいわゆる健常者が一方的に何かをしてあげる場所ではなく、自分自身をもう一度見つめ直す場でもあることを知ったのです」（79、89頁）とは、向谷地のユーモアに魅了されたという、先述した小山の言葉である。

この「外在化」の延長線上にあるのが「幻聴から幻聴さんへ」というモットーである。幻聴や幻覚あるいは妄想は、一般的にもまた精神医療の現場でも、忌まわしいものとされており、あってはならないものと受け止められてきた。しかし、薬を用いてその解消を目指しても、それらがすっかり消滅することは難しく、ならばうまく付き合っていくべきものと捉えるべき側面がある。べてるでは幻聴や幻覚、妄想と一緒に生きていくという発想が肯定されている。そのシンボルとなる一言が「幻聴から幻聴さんへ」である。幻聴は、しばしば「バカ」とか「死ね」と言ってくる、嫌な存在である。とはいえ、付き合いが長くなると、一緒に生きて来た仲間のような気持ちも出てくる。こうした幻聴との付き合いを、精神障害を持つメンバーが語り、それをときに爆笑しながらオーディエンスが聞き、受け止める「幻覚&妄想大会」というイベントは、よく知られている。

あるいは、べてるのメンバーの大崎洋人は、講演の会場でこんな挨拶をするという。

みなさん、こんにちは。今日は二〇〇〇人の幻聴さんがぼくと一緒に飛行機に乗ってここに来ました。講演を聴きにきている人は二〇〇人ですが、この会場には一〇〇〇人の幻聴さんがいます。残りは、市内見物に行って帰ってきません。いちばん前のあなたの肩に、かわいらしい幻聴さんが乗っています。気に入ったら一緒に持って帰っていいですよ。（77、103－104頁）

フランクルがユーモアに見た逆説志向と自己距離化

幻聴は「幻聴さん」と呼ばれることで、忌み嫌われる症状から、上手に付き合っていくべきパートナーとなる。向谷地に多くの影響を与えている心理学者フランクルは、ユーモアの力をこう捉えている。「症候に対して距離をもつこと、及び症候を客観化することは、自らを不安感情のいわば「傍らに」或いは「上に」おくことを患者に可能にする使命をもっているのである。そしてこの場合に距離をつくるのにはユーモアが極めて適当なのである」（80、205頁）。そう言ってフランクルが挙げる、不安と「安らかに」交渉する「広場恐怖症」の患者の例は、べてるのメンバーたちが行う「外在化」のあり方と非常によく似ている。

或る広場恐怖の患者は家を出る時に玄関の鏡の前で自分の姿に向って帽子をあげて、では私のノイローゼと一緒にこれから出かけて参りますといって自ら笑ったというが、このようにしてその症候に対して態度を変え、距離をとることができたのである。(80、207頁)

さらに、フランクルのこのような発想は、ロゴセラピーと呼ばれる彼独自の治療方法の一つである逆説志向と深く関連していると言えるであろう。逆説志向とは「不安に拠って不安をやり過ごす」やり方である。例えば、恐怖症の患者が恐れている恐怖をむしろ自分から望むように努力することであり、それによって治癒力が働くというものである。発汗を恐れる患者に、さあ、本物の発汗とはどんなものか見せてやろうじゃないかと言って促す。これに似た「爆発」技法を考案した心理学者のラザルスは、開演前の映画館や劇場の便所でタバコを吸うと、その火が元で大災害を引き起こしてしまうのではないかと危惧し、便所に戻ってチェックする癖に悩まされている患者に対して、チェックしたいという衝動にかられたら、席を離れずに次のことを想像して欲しいと提案したと言う。あなたの火が便所を燃やし、ロビーだけではなく映画館や劇場全体を燃やし、近隣を燃やして街を破壊し、最終的に宇宙規模の大災害になる、と。試してみた患者は、最初、強いパニックに陥った後で、冷静になり、さらにちょっと楽しい気持ちになって、チェックしなきゃという思いがどれだけ馬鹿げたことであったかわかった、とラザルスに報告したという。

この逆説志向で重要なことは、これが「自己距離化」を引き起こす点である。発汗の事例であれば、発汗してしまう想像上の自分から距離を置くことを、発汗を世間に見せてやろうじゃないかという発言は引き出そうとする。想像上の自分から逃れようとする代わりにそれと向き合うことが、それとの距離を作り出し、そうすることで、不安に巻き込まれてしまうことを回避する。フランクルがそう述べている通り、自分から距離を置くことが、自分を完全に手に入れる方途になるのである。

向谷地は「外在化」を浦河が培ってきた文化と呼び、そのあり方を「自分のかかえた苦労を〝外に出す〟外在化」と「自分のかかえた苦労の〝外に出る〟外在化」と「自分のかかえた苦労を他のものに〝置き換える〟という外在化」として三タイプに分けている（81、120頁）。第一の「外に出す」外在化によって、第二の「外に出る」外在化は可能になる。そして、第一の外在化を引き起こす原動力になるのが、「幻聴さん」のような三つ目の「置き換える」外在化である。隠すべきものであった幻聴が「幻聴さん」となって顕在化することで、むしろコミュニケーションの場を生み出す。そうした一連の出来事の基盤となっているのがユーモアに他ならない。ユーモアは、問題に巻き込まれすぎないで、問題に向き合う距離と勇気をひとに与えるのである。

4　日本社会の中でユーモアが育まれる条件

日本社会の閉塞性と「笑い飛ばす」笑い

日清のCMが放送中止になったエピソードからも明白なように、ユーモアの気分を広げようとしても今日の日本社会では分が悪い。「閉塞的な社会を生きる若者にエールを送る」はずのCMのメッセージよりも、一部のワイドショー的な「正しさ」の方が優先され、少なくとも、そうした圧力に対抗する言説が優位になることのないまま、閉塞的な社会はますます閉塞してしまった。

先に記したように、ユーモリストを気取る人物が登場すると、その真偽を厳しく問うといったことも、今日の日本社会に散見される出来事である。真のユーモリストの登場を待望するがゆえの振る舞いのようでもあり、真のユーモリストの登場を恐れているかのようでもある。ひとたび、ユーモリストの名に悖《もと》るほころびが見つかると、彼らは「偽ユーモリスト」と見なされ、アイロニカルな嘲笑の的とされる。そうしている間は、ユーモリストの出現によって世界がひっくり返されることはない。ペーソスの湿った笑いに浸っている方が良い。それならば閉塞的だが、無事に相変わらずの世界が続いてゆく。

一九九四年に出版された『コメディ＋LOVE♡　TAMAYO的差別の乗り越え方』という著書には、TAMAYOという日本人の女性コメディアンがスタンダップ・コメディアンとして活躍したアメリカでの経験を生かし、アメリカ流のコメディを紹介するとともに、その視点から当時の日本のお笑い文化を考察した内容が書き残されている。それを読むと、今から二〇年以上前のテキストとは思えないくらい、現在とほとんど変わらない日本のお笑いの状況が批判されていて、興味深い。「日本人のユーモアや冗談というのは、未成熟なんだと思います。まだ自分を卑下することで笑わせたりすることが多いのよね。自分を低めて笑いながら、「あーすみません、私は女房に、どうしようもなく弱くて、」とか「自分の頭が悪くてーハハハ」なんて言い方をして、笑いを取ろうとしている」(82、21－22頁)。要するに、優越感をベースにした自虐の笑いに勤しんでばかりの日本人は「未成熟」ではないかというのが、TAMAYOが日本の笑いを批判する主要ポイントである。さらに彼女はこうも言う。

だけど、現在のお笑いの大半は「弱いものイジメ」的な要素が強いんやない？　いわゆる「世間のもの笑い」をネタにひっぱってきて、お客さんの笑いを取るという手法。観客イコール世間なので、「世間のもの笑い」をもういっぺん世間が笑うだけで、そこには何の成長もありません。(82、22頁)

日本の笑いは「成長」なき笑いに陥っているという指摘は、厳しいが現在の日本にも当て嵌まるように思われる。TAMAYOにとって笑いとは人間の「成長」を促すものなのである。そうした笑いの考えがそもそも日本人には乏しい。「コメディの神髄って、私たちの中にある、こりかたまった固定観念や先入観を笑い飛ばして、ひっくり返すことにあるのに、よけい固めてどないすんねん」(82、23頁)。思考の「こり」をほぐすことと、TAMAYOは端的にコメディを定義する。またTAMAYOはしばしば「笑い飛ばす」という表現を用いる。笑いには「笑う」ことである種の感情や思考を「飛ばす」、つまり遠くへ追いやり解消する力があると、彼女は考える。しかし、既存の善/悪や強者/弱者の境界線を確認するために笑いは奉仕するものという認識が支配的な社会では、この確認としての笑いのあり方に変更を加えようとする振る舞いは、それ自体が反社会的であり、あってはならないものであり、退けるべきものとみなされるのかもしれない。もしそうであるならば、今日の日本社会の閉塞性は、「成長」を拒否することの中にその原因があるということなのかもしれない。

これに対して、アメリカのコメディとはいかなるものか。TAMAYOはこう特徴付ける。「マイノリティ・スタンダップ・コメディは、まず、自分のことから、自分の人生をジョークにすることから始まる……。アメリカの芸人のように、自分でそれを売りにするのよ。今までの日本の話芸にはこういう、自分の社会的立場を、お客に突きつけて笑いを持ってくる手法は、余りなかったと思う」(82、147–148頁)。私たちがこれまで論じてきた範囲で言えば、第二章で取り上げた濱田祐太郎のネタは、自分のマイナーな身体性に端を発したものであり、まさに「自分の社会的立場を、お客に突きつけて笑いを持ってくる手法」である。こういう笑いが日本から出てきたということを日本の変化としてもっと強調しても良いのかもしれない。けれども、それは今のところ貴重な例外であり「そういうことを自然に言えるような下地を、今まで作ってこなかったことは事実」(82、148頁)とのTAMAYOの批判は、二〇年以上経った今の日本社会に対しても残念ながら有効である。

どうすればユーモアの下地は作れるのだろうか

TAMAYO の促すアメリカ型の笑いのあり方は、素晴らしくカッコ良いのだけれど、誰もが簡単にすぐ真似できるものとは考え難い。自己開示がたいした躊躇なくできる強い人間にはたやすいかもしれないが、そうはいかないというひとは現在の日本ではとても多い。そもそも私たちには先に触れた「下地」がないのである。アメリカ社会の中にはその下地があるのかもしれない。そうであれば、自己開示することは日本ほど難しくないのだろう。

さて、どのようにすればユーモアの「下地」は日本社会に形成され得るのか。これまでの私たちの考察の中にヒントを見つけようとするなら、毒蝮三太夫の言う「快適空間」はどうだろう。毒舌を交えたひととひととの間の気楽な「かまい合い」は、自己開示を容易にする力があるのではないだろうか。もちろん、そうした「かまい合い」を可能にしているのが、毒蝮の指摘するようにかつての浅草にあったような下町気質であるとすれば、そうした気質をどうすれば私たちのものにできるのかということが、次の問題になってくる。

ところで、綾小路きみまろや毒蝮三太夫が観客を「笑われる者」に仕立てながら「笑う者」にするやり方は、フランクルの言う逆説志向とやや似たところがある。すでに論じたように、綾小路のネタは中高年が思う情けない自分たちのイメージをやや大げさに描く。「情けない自分たち」は、普段は隠すべきものである。しかし、その隠すべきものに私たちの不安はこびりついている。これを隠すのではなく、むしろあからさまに表に出して、しかもきみまろや毒蝮は「これ、あなたですよ」と提示する。「情けない自分」の戯画を提示されることで、中高年の観客は不快に思うよりも、自己距離化の解放感に喜ぶ。「情けない自分」を見ないことにすることよりも、「情けない自分」っておかしい、と笑うことが、「情けない自分」を自分の外に出し、「情けない自分」という枠から自分を外に出すことを可能にする。

「世間のもの笑い」で笑うというTAMAYOが批判していた日本のままではないかと言われれば、その通りなのであるが、それでも、そうした笑いによって笑う者＝笑われる者の中で「外在化」がなされるのであれば、それが一つの端緒になると考えることもできる。

TAMAYOの指摘は要するに、日本社会には優越の笑いが蔓延しているということである。優越の笑いが支配している場では、何が優れていて何が劣っているのかを規定する社会の規範（TAMAYOの言う「固定観念」や「先入観」のようなもの）に人々は囚われがちになってしまう。「笑う者」ばかりではない。第一章で見たように、笑われることが嫌な「笑われる者」も笑われることから逃れようとすればするほど、むしろ逃れ難くその価値観に支配されてしまう。その「掟」によってねじれた心を、反対側にねじって元に戻すような力がなければ、そうする勇気が育まれなければ、この社会に生きる人々は優越の呪縛から解放されないだろう。「掟」が与える心のねじれは、ユーモアをただの荒唐無稽な戯言としか思わせなくする。ただの無知で愚かな振る舞いとしてしか捉えられなくする。「掟」

から自分の人生を取り戻すために、心のねじれをねじり返さなければならない。そのためには「弱さ」をただ否定すべき何かとして見るのではない視点が重要になってくるだろう。そして、その視点を獲得するためには、そう考えても良いと思える安心が育まれていなければならないだろう。

「絶望」しても良いという「安心」が必要である

綾小路きみまろや毒蝮三太夫とは異なる仕方で、ともに同じ地平に生きる者同士、自分の社会的な立場について言い合える「下地」づくりの可能性を求めて、再度べてるに注目し、彼らの活動にヒントを探してみたい。

向谷地は、失敗や挫折を避け、リスクを回避しようとする心構えがかえって不安を招いているのではないかと問うている。「子どものころから、私たちは知らず知らずのうちに勉強をして、いい成績をとって、健康に気をつけて、交通事故にあわないようにと、リスクを回避することが、自ずと将来の安心を獲得できる暮らし方であるような習慣を植えつけられてきました。その意味でいうならば、それから外れた人生は、すべて失敗と挫折の人生ということになります」(83、18頁)。しかし、そうした安心を求める考えが一種の「掟」となって、ひとから安心を奪っているのではないか。

リスクの回避によって安心を得ようとする限り、リスクを回避できなかった自分の人生を、ひとは許せなくなる。またそう考えている間は、自分の弱さを他人に開示することなど不可能であろう。こうした悪循環は、精神医療の現場でまさに起きていることであると、川村は指摘している。「従来のかたちで言ったら、治療者サイドは「なんでもできる人、なんでもわかっている人」で、かれら患者は「できなくて、わかっていない人」という設定ですから。しかし現実を見ると全然そんなことはないんですよね」(77、233頁)。精神医療が効果を発揮しているという「掟」にすがりたいがために、医師も患者も嘘の芝居を演じがちであると川村は訴える。この状況を回避するには、リスク回避による安心という考えを転換し、弱さを肯定し、弱さの価値を開く必要がある。

なるほど、苦労や弱さを「回避すべきもの」と捉えるより、「当然存在するもの」と肯定的に捉える方が、私たちの気持ちをむしろ楽にするのではないだろうか。そう捉えることで、苦労や弱さに直面してもそれらに負けない人間に近づける。そしてその方向で心を整えることで、ひとは安心を手に入れることができる。安心が苦労や弱さを回避したところにあると考える思考法の中では、ひとたび苦労や弱さが到来してしまうと、それだけで安心はそのひとから消えていってしまう。そうではなく、苦労や弱さとは人生において当然存在するものと思っていれば――人間の生の最大の苦労や弱さが有限性(死する存在ということ)にあるとすれば、それは必ず誰にでも訪れるのであるし――、それらの到来を即人生の終わりなどと考えなくても良くなる。そういう態度でいられるならば、向谷地の著書のタイトル通り、私たちは安心して絶望できるはずである。

むしろ私たちの今日の暮らしは利便性や効率性が高まっている分、苦労や弱さが安易に奪われているのかもしれない。苦労や弱さは単純に克服されて良い対象ではない。統合失調症のひとたちは、他人から保護され、心配され、管理される人生の中で「本来の自分らしい苦労を奪われている」側面がある、と向谷地は思ったという。べてるの活動は、メンバーたちがその苦労を取り戻し、苦労とともに生き、そこから生きる喜びへ至ることを支える。それは、次に述べられる「弱いままで生き合える信頼」があってこそのものであろう。

私は、彼らによって自分の力の無さ、未熟さ、貧しさを知らされました。……べてるに行くと私自身、安心して弱く、ありのままであることが許されているような落ち着きに満たされることがあります。そして、弱いままで生き合える信頼なくして、人間は共に生きることはできないことを教えられるのです。(79、91頁)

これも向谷地の言葉である。「「強いこと」「正しいこと」に支配された価値のなかで「人間とは弱いものなのだ」という事実に向き合い、そのなかで「弱さ」のもつ可能性と底力を用いた生き方を選択する。そんな暮らしの文化を育て上げてきたのだと思う」(77、196頁)。人間の弱さは「事実」である。すべての人間が自分も他人も弱く脆弱であると知ることから、ゆえに誰もが「弱い」以外の存在ではないことを肯定し出発点にすることから、すなわち「弱さ」を生かすことによって、ひとは自分に向き合い、他人に向き合い、世界を見ることが可能になる。小さな町の小さな施設で、そうした文化が育まれてきた。そこでは「弱いままで生き合える信頼」が、かつてはなく、しかしあるときから今まで形成されてきたのである。それは、ちょっとした奇跡である。

ところで、向谷地や川村医師の活動を知れば知るほど、マジョリティである筆者は自分の中にべてるへの強い羨望と嫉妬が湧くのを感じる。もちろん、精神疾患を抱えているひとが苦しみの渦中にいるのは間違いない。と同時に、多くの健常者の日常に、向谷地や川村のような自助を手助けしてくれる有能な存在がそうそういないことも事実である。家族や友人が彼らのような支えになってくれているのならば幸福だが、健常者の誰もがそうした支えを享受できているわけではない。むしろ健常者は、できることが当然であるとみなされる分、「できない」と弱さを口にしづらい。でも、健常者だって多くのできないことを抱えて生きている。「できない」と言えぬまま精一杯生きている。弱さを共有することの難しさは、精神疾患のあるひとのみならず、健常者も感じているに違いない。

「安心」を阻害しているのは日本に蔓延している気分である

このことを真剣に考えなければならない事件が起きてしまった。神奈川県相模原市の障害者施設津久井やまゆり園で、二〇一六年七月、入所者ら四五人が殺傷された。加害者は、元職員の植松聖死刑囚。死傷者の多さで当時戦後最悪と称された事件は、植松死刑囚の言い分をめぐって多くの議論が起こっている。日本が多額の借金を抱えている状況で、税金を使って障害者の生活保障を行うのは、無駄というより不幸しか作れない、というのが主たる犯行動機のようである。彼は日本を憂い、日本を思う危機感と正義感を抱いていた。植松死刑囚を、建前や理想や正論に負けないで本音を言ったと賞賛する者までネット上に現れた。

もちろん、これには「救うべき命／救わなくても良い命」という二分法が含まれており、優性思想と繋がるものでもあるから、その主張を素直に一つの主張として認めて良いわけではない。それを前提にした上でのことなのだが、『この国の不寛容の果てに　相模原事件と私たちの時代』において専門家たちとの対話を重ねながら、編著者の雨宮処凛が植松死刑囚のことを「普通」で「真面目」と評しているのは、今の日本社会を考える上でとても示唆的と思わされた。雨宮は彼を「普通」で「真面目」と評する。彼の中に「借金はいけない」や「迷惑をかけてはいけない」という倫理観や規範意識が透けて見えるからである。他人に迷惑をかけてはいけないという考えは、視点を変えれば「自己責任」という考えに繋がる。そして、他人に迷惑をかけてはいけないという考えはそれがエスカレートすれば、今こうやって生きている現状のままで生きていてはならないと誰もが社会から圧力をかけられる状況を生み出すことになるかもしれない。

だけど、障害があろうとなかろうと、いまの世の中には「このままの自分」でいることが「罪」とされるような空気が満ちている。常に上をめざすべきだとか、いまの自分に満足しているようじゃ向上心が足りないとか。そうしてみんな、「ありのままの自分」を好きになれずに苦しんでいる。（84、36頁）

自分の弱さを肯定することはそのまま「他人に迷惑をかけること」を意味してしまう。「他人に迷惑をかけること」は、どんな事柄であれ「障害」であると認定されてしまう。「他人に迷惑をかけること」は、社会の「空気」ないし「掟」に反するものであり、許されてはならない。そう思い込まされて「掟」に囚われればそれだけ、自己を愛せず、自己を否定するようになる。それが今の日本社会に漂う「気分」なのではないのか。

こうした日本の「気分」をさらに理解するのに参考になるデータがある。よく知られたものでもあるが、日米中韓の高校生に自尊感情について質問した結果である。

「自分はダメな人間だと思うことがある」(日八〇・八、米六一・二、中四〇・〇、韓五二・五)

「私は他の人々に劣らず価値のある人間である」(日五〇・四、米七九・七、中九一・七、韓八〇・一)

「今の自分が好きだ」(日本四八・四、米八〇・七、中七〇・〇、韓七三・五)

(「高校生の留学に関する意識調査報告書　日本・米国・中国・韓国の比較」独立行政法人国立青少年教育振興機構、二〇一九年六月発行。数字は「よくあてはまる」「まああてはまる」と答えたパーセンテージ)

日本の高校生は、他の三ヵ国の高校生と比較して、「自分はダメな人間だ」と思う傾向が強く、「私は他の人々に劣らず価値のある人間」だと思えないで、「今の自分が好き」になれないでいる。その一方で、「周囲の人たちと協調して、人の和を大切にするような生き方をしたい」（日本四一・八、米中韓三一―三三）の項目では、日本が他国を上回っている。日本の九割の高校生が「自分の国は好きだ」と言いながら、「自分の将来に不安を感じている」（日七四・六、米五八・二、中四四・五、韓七一・六）のと同時に「将来への希望を持っている」（日六四・六、米九一・二、中八八・四、韓七三・八）と積極的に言えないでいる。「日本で暮らすことに満足している」と九割が言うのに、「私は国のために尽くしたい」（日四七・四、米八六・七、中九五・四、韓五八・九）とはあまり思えないでいる。

すなわち、少なくない数の日本の高校生は、「和を大切にする」＝「迷惑をかけない」という倫理観や規範意識を重視し、そうした価値観を彼らに植えつけた日本のことを好きだと言いながら、将来への不安を抱き、そうは言っても別の生き方を模索する意欲が湧かないまま、また国に尽くす意欲にも乏しいまま、自分を愛せないでいるのである。おそらくこうした「気分」は、とくに高校生に限ったものではなく、広く日本を覆っているものと考えるべきであろう。ヘイト意識に関連して、日本の「掟」に従っているように見えないひとを「日本人じゃない」と考えるような思考回路まで出てきている。TAMAYO の言っていた日本の「成長」を阻害しているのは、このような「気分」のように思われてくる。

雨宮との対談で批評家の杉田俊介は、こうした状況を踏まえて、次のように指摘する。

僕たちは健全な自己愛を奪われている。勝ち上がらなくても、がんばりすぎなくても、ありのま

まの自分でいられるという安心感が損なわれていて、過剰に自己否定感を抱えさせられている。（84、190頁）

フロイトがユーモリストの中に「自己愛の勝利」や「自我の不可侵性の貫徹」を見ていることを踏まえると、現在の日本にユーモアの気分が広がることの難しさを感じてしまう。日本に広がるこうした「気分」を鑑みれば、ユーモリストの発信する自己愛は、日本社会ではたやすく不信か否定の対象になってしまうのも頷けるだろう。ぺろっと舌を出して、「実はユーモリストのパロディを演じていただけでした」と言ってしまう方が、さもなければ自己否定を演じて自虐の一つでも披露した方が、この国の「気分」に合っている。そのような国にはユーモアも育たなければ生きる希望も見出しづらいだろう。

マジョリティ自身が、他者への攻撃や優越感ではない健全なエゴイズムを、どう回復していくかが重要なのかなと思います。（84、191頁）

どうしたら杉田の言うような「健全な自己愛」「健全なエゴイズム」は回復するのか。それについての本格的な議論は、本書の範疇を超えている。ただ明らかなのは、ここに日本でユーモアの笑いが育ちにくい問題の根幹があるということである。「弱さ」を肯定することは、「弱さ」を否定する

「掟」から距離を置くことなしには困難である。今、日本に蔓延している「掟」ではなく、向谷地の言う「弱いままで生き合える信頼」に寄り添えるのであれば、私たちに優越の笑いやペーソスの笑いとは別の、ユーモアの笑いで笑う隙間が生まれるのかもしれない。閉塞的な「気分」の漂う社会から、ユーモアの気分に満ちた社会へと移行できるかどうかは、この信頼の形成にかかっている。信頼が形成され、僅かでも「掟」から距離がとれたら、それによって「ユーモアの空間」が開かれたなら、そのとき次の言葉は、今とは別の響きを持つことだろう。

こんな時代にバカをやる。（……）時代に、テメェを変えられないためだ。

おわりに

子供のころからお笑いが大好きだった。

土曜日（当時午前の授業があった）に学校が終わると小学生の筆者は駆けて帰って、テレビに釘付けになり『お笑いスター誕生』で爆笑していた。夜には『8時だョ！　全員集合』が待っていた。高学年になると裏番組に『オレたちひょうきん族』が登場し、どっちを見るかで大いに迷った。テレビの中にまだ猥雑さとくだらなさとおおらかさがあった。中学生になると、とんねるずの出演する『夕やけニャンニャン』が見たくて部活を辞める仲間がいた。そんな筆者（一九七一年生まれ）と同世代が、今の中堅お笑い芸人たちである。きっと彼らも同じようなお笑い番組を見てきただろうと想像する（関東圏で育った筆者は、関東圏以外のテレビでどんなお笑いが展開されていたのかをよく知らないけれども）。

筆者の世代は、松本人志世代である。大学生になったあたりで始まった深夜番組『夢で逢えたら』には度肝を抜かされた。松本人志扮するキャラ「ガララニョロロ」は、顔を白く塗った警察官、突拍子もないタイミングで銃をぶっ放し、コントの空気をあっという間に凍りつかせた。腰をくねくねさせながら踊るザ・スミスのモリッシーみたいだったし、デヴィッド・バーン（トーキング・ヘッズ）

の痙攣的なパフォーマンスみたいだったし、あぶらだこの奇声みたいだったし、つまりエキセントリックなパンクみたいだった。お笑いには何ができるのか？　笑いの極北を目指すダウンタウンの笑いは、当時の若者の感性を強く揺さぶっていた。

そして気づけば、今私たちはこんな世界を生きている。あのころは良かったなどと安易に言うつもりはない。社会状況が変化したのだ。子供のころのお笑いには、今から見れば、差別的な笑いが多かった。「保毛尾田保毛男」を再演した石橋貴明にバッシングが起きたことは記憶に新しい。「保毛尾田保毛男」のネタが面白いのか否かはほとんど問題にされず、その表象から読み取られる芸人の社会的態度が議論の的になった。LGBTQと切り離して笑いは笑いだからと言うことは難しい。ＬＧＢＴＱに限らず社会や政治をとり巻く言説が私たちの生き方をどうコントロールしているのかを無視して、笑いを論じることはできなくなった。

とはいえ、いや、だからこそ、笑いの役割はかつて以上に重要になっていると考えるべきではないだろうか。社会の状況と笑い（お笑い）は切り離し難く結び合っている。「笑いの空間」は社会の中にある。社会と隔絶して「笑いの空間」は存在できない。その点を鑑みて、今はもう存在しない方が良い「笑いの空間」もある。けれども、こうも言えないだろうか。社会の中に「笑いの空間」はある。この空間が社会に寄り添い、ときには社会を揺さぶって、社会に癒しだけではなく勇気を与えることも可能なのである。掟に従うことも掟に抗うことも、どちらも笑いの本領であろう。たかがお笑い、だからこそ、されどお笑い、なのではないか。

『ゴッドタン』のしょうもない企画に泣きそうな気持ちになることがある。いい大人が「悪ふざけ」しているさまに、このご時世でまだ「悪ふざけ」ができるのかと、勇気を与えられるからだろう。「勇気」とは大げさに響くかもしれないが、掟に対して自由に振る舞っても良いのだと考えられる余裕は、私たちの生の質を左右しかねない。笑いはガス抜きでしかない。笑いが社会問題の根本的な解決を直接的にもたらすことはない。けれども、笑いがなければ私たちからガスが抜けず、息が継げなくなってしまう。笑いを提供する人間の使命は大きい。

笑いとは平穏な日常の破裂である。破裂させるのは「笑わせる者」の役目かもしれない。けれども、その破裂をどう受け止め解釈するのかは、「笑う者」や「笑われる者」あるいはその周りにいる者たちの役目である。だからと言って、小難しいことを考えながらでは笑えない。私たちはただおかしくて笑うのだけれど、それが笑えること／笑えないことの中には、私たちがどのような社会を生きたいのかが自ずと内包されている。笑いを受け取る人間の使命も変わらず大きい。

筆者は、そうした意識を背景に本書を書いた。けれども、読者のみなさんは各自の動機から自由に読んでもらえると幸いである。笑いを考える際の「マップ」として本書が何らか機能してくれたらと願っている。

本書で筆者は、「笑われる者」の苦しみに十分に寄り添っていないと批判を受けるかもしれない。「被害者意識の文化」という概念を持ち出したが、筆者は笑われる苦しみを社会のせいにしたり、他人のせいにしたりする立場を無条件で是とはしなかった。だからと言って、笑われるのは「笑われる者」に原因があり、それをあらためないのは自己責任だなどと言いたいわけでももちろんない。笑われることが、「笑われる者」にとって暴力以外のなにものでもないと思われる状況があるとしたら、とても悲しく、その病巣は取り除かれるべきである。しかし、被害者意識は笑われる側の人間を「笑われる者」という被害者に仕立て、そこに固定し、そこから逃れられなくさせる。それとは別の道筋を探したいという欲求が、第二章、第三章へと議論を進ませる推進力となった。

本書は、新型コロナウイルス感染症（COVID-19）の気配すらなかった時期に執筆が始まり、その猛威が世界を席巻するころに編集作業がなされ、しばらく耐えていた日本にもその波が押し寄せた二〇二〇年の春に完成した（感染した志村けんは三月二九日に逝去した）。新型コロナウイルス発生後の世界に本書の考察が応えられるのか、これを書いている時点での筆者は知る由もない。ただ、本書を通して、筆者は人間と笑いの関係を追い続けた。本書にリアリティがなくなったとしたら、人間が新しい段階に進んでいったということになるのかもしれない。

講談社学芸クリエイトの林辺光慶さんに出会えなかったら本書は生まれていなかった。初めて打ち合わせしたとき、先述した子供のころのお笑い体験を林辺さんはニコニコしながら聞いてくださった。あのひとときを筆者は忘れないだろう。

二〇二〇年四月

木村　覚

本書に登場した主なお笑い芸人（五十音順）

明石家さんま　一九八〇年代のＴＶ番組『オレたちひょうきん族』でのブラックデビルなどに扮したコントや『さんまのまんま』でのゲストとのフリートークによって、テレビ芸人の頂点を極める。俳優や歌手としても人気を博する。一九九七年から始まった『踊る！　さんま御殿!!』で見せる秀逸な場回しは唯一無二の芸と言える。

綾小路きみまろ　漫談家。ＣＤアルバム『爆笑スーパーライブ第1集！　中高年に愛をこめて…』の元となるカセットテープを高速道路の休憩所でバスガイドに配布し、それを聞いたバスの乗客から火がついた。「あれから四〇年」の決め台詞で、中高年にターゲットを絞った毒舌が特徴。自ら「カツラ装着」を暴露する自虐でも知られている。

有吉弘行　コンビ（猿岩石）で出演した『進め！電波少年』のヒッチハイク企画で人気者になる。しかし、短期間で人気は低迷。二〇〇七年に品川祐を「おしゃべりクソ野郎」とあだ名付けし、爆笑を誘ったことが転機となる。その後、毒舌キャラが定評となり、現在は司会業を中心にテレビで活躍する。

伊集院光　お笑いタレント。元落語家。一九八八年より『オールナイトニッポン』パーソナリティーに。一九九五年にはＴＢＳラジオで『深夜の馬鹿力』スタート、現在まで続く。ときに体重一〇〇キロを超える体格を生かした声量で、ドライヴ感のある話芸を繰り出す。高校中退の経験やモテない立場を背景にしたトークは多くの若者の支持を受け、ラジオの帝王と呼ばれる。

いとうあさこ　お笑いタレント。『爆笑レッドカーペット』に出演、新体操姿でリボン演技をしながら浅倉南（漫画『タッチ』のマドンナ）を自称するネタで注目される。加齢の話題で笑いをとる自虐的なネタは同年代女性に嫌悪されることもある。

オードリー　若林正恭と春日俊彰が二〇〇〇年に結成した漫才コンビ。結成当初と反転させ、春日がボケ、若林がツッコミになることで、今日のオードリーのスタイルが確立。「昭和のスター」とも称される春日のふてぶてしい振る舞いに特徴がある。二〇〇八年の『M－1グランプリ』にて二位になり、注目を集める。二〇〇九年より続くラジオ番組『オールナイトニッポン』にて熱烈なファン（リトルトゥース）を獲得している。

川島明　一九九九年に結成したお笑いコンビ麒麟のボケ担当。二〇〇一年の『M－1グランプリ』第一回大会で決勝に進出、人気コンビになる。漫才の冒頭、マイクに口を近づけ低い声で「麒麟です」と自己紹介するのが定番、ずらしスカしのネタの妙技で笑いを取る。二〇一四年ごろからピンでの活動が増える。二〇一六年の『IPPONグランプリ』で優勝したように、突出した笑いの想像力で知られている。

コロッケ　ものまねタレント。『お笑いスター誕生!!』にてブレイク。当初は、野口五郎や岩崎宏美らの顔真似が中心だった。その後、歌真似でも実力派となり、ものまね四天王の一人として圧倒的な存在感を示すようになる。五木ロボットなど、唯一無二の芸で知られている。

コント55号　萩本欽一と坂上二郎が一九六六年に結成したお笑いコンビ。即興で繰り出される萩本の指令とツッコミに、タジタジとなりながら応答する坂上のおかしさで大人気になるも、一九七〇年ごろには人気が凋落する。その後は単独の活動が中心となり、坂上は俳優として、萩本は素人をいじる名人芸で活躍した。

近藤春菜　二〇〇三年にお笑いコンビ、ハリセンボン結成。相方の箕輪はるかとお互いの容姿を貶し合うネタで注目される。二〇〇七年、二〇〇九年の『M－1グランプリ』で決勝進出。二〇一六年より日本テレビ系列の情報番組『スッキリ』でサブMCを担当する。現在、自虐で笑いをとる女性芸人を代表する一人となっている。

清水ミチコ　ものまねタレント。一九八〇年代半ば、自らピアノを演奏するものまね芸でブレイク。『森田一義アワー　笑っていいとも！』に出演し、知名度を上げる。松任谷由実や矢野顕子らの声真似だけではなく『顔マネ辞典』(宝島社)などで披露した顔真似でも知られている。

スギちゃん　『R－1ぐらんぷり2012』で準優勝。この年の新語・流行語大賞の年間大賞に「ワイルドだろぉ?」が選ばれるなど、大人気に。定番の「〇〇だぜぇ～?　ワイルドだろぉ?」のセリフを繰り返しながら、デニム生地のノースリーブと短パン姿でワイルドさを笑いに変えた。

ダウンタウン　浜田雅功と松本人志が一九八二年に結成した漫才コンビ。早口が主流の時代にスローなテンポで独自の漫才を展開。一九八〇年代半ばには関西でアイドル的な人気を獲得する。一九八九年より『ダウンタウンのガキの使いやあらへんで!』、一九九一年より『ダウンタウンのごっつええ感じ』がスタート、フリートークとコントで圧倒的な存在感を示す。

田中卓志　二〇〇二年にお笑いコンビ、アンガールズとしてデビュー。高身長で痩せ型の二人が、からいばりで心の小ささを露呈させるコントは「キモかわいい」と注目されることにもなった。今日では、いじられ芸で愛される存在になっている。

毒蝮三太夫　俳優、タレントとして活躍。一九六九年より続くラジオ番組『毒蝮三太夫のミュージックプレゼント』では、公開生放送で各地の商店街などに出没し、集まった人たちと毒舌を交じえたトークを繰り広げてきた。愛称は「マムちゃん」。

ナイツ　塙宣之と土屋伸之が二〇〇一年に結成した漫才コンビ。「ヤホーで調べました」でブレイク。言い間違いネタの代表的存在。安定感のある技巧だけではなく、時事ネタをあえて忖度なしで取り上げることでも知られる。ボケの説明を含んだ土屋のツッコミにも定評がある。二〇一一年に『THE MANZAI』に出場、準優勝となる。

バカリズム　一九九五年にコンビ、バカリズム結成。その後ソロとなるも引き続きバカリズムを名乗る。二〇〇六年以降「トツギーノ」「都道府県の持ちかた」などのフリップネタで頭角を現す。『R－1ぐらんぷり』『IPPONグランプリ』での活躍も知られている。

ハリウッドザコシショウ　コンビとしてスタートしたがコンビ解消後ソロとなり、二〇〇七年以降『あらびき団』に出演し「キング・オブ・あらびき」と称される。『R－1ぐらんぷり2016』で優勝。「古畑任三郎」などの誇張しすぎたものまねで知られている。『ドキュメンタル　シーズン5、7』で優勝するなど、尋常ならざる笑いのセンスにも定評がある。

ビートたけし　本名は北野武。漫才師。浅草フランス座での下積みの中、漫才コンビ、ツービートとしてスタート。猛烈な早口で毒舌を繰り出すスタイルでマンザイブームを牽引した。映画監督、歌手、俳優、タレントと活動の範囲を拡げ日本の代表的な芸人となる。

文献一覧

引用文献・資料（引用順）

【第一章】

1 トマス・ホッブズ『リヴァイアサン1』水田洋訳、岩波文庫、一九九二年

2 マイケル・ビリッグ『笑いと嘲り　ユーモアのダークサイド』鈴木聡志訳、新曜社、二〇一一年

3 アンリ・ベルクソン「笑い」（H・ベルクソン／S・フロイト『笑い／不気味なもの』原章二訳、平凡社ライブラリー、二〇一六年）

4 Christie Davies, *Ethnic Humor Around the World: A Comparative Analysis*, Indiana University Press, 1996

5 Ronald de Sousa, "When Is It Wrong to Laugh?," in: *The Philosophy of Laughter and Humor*, John Morreall (ed.), State University of New York Press, 1987

6 Noël Carroll, "Humour," in: *The Oxford Handbook of Aesthetics*, Jerrold Levinson (ed.), Oxford University Press, 2005.

7 松本人志『「松本」の「遺書」』朝日文庫、一九九七年

8 上村由紀子「「世界の果てまでイッテQ！」いとうあさこさん〝ババァ問題〟について」All About NEWS (https://news.allabout.co.jp/articles/d/75778/)、二〇一四年

9 Bradley Campbell and Jason Manning, *The Rise of Victimhood Culture: Microaggressions, Safe Spaces, and the New Culture Wars*, Palgrave Macmillan, 2018

10 灘本昌久『ちびくろサンボよ すこやかによみがえれ』径書房、一九九九年

11 デビッド・D・バーンズ『いやな気分よさようなら　自分で学ぶ「抑うつ」克服法』野村総一郎他訳、星和書店、二〇〇四年
12 エドマンド・バーク『崇高と美の観念の起原』中野好之訳、みすずライブラリー、一九九九年
13 綾小路きみまろ『きみまろ流』PHP研究所、二〇〇三年
14 須長史生『ハゲを生きる　外見と男らしさの社会学』勁草書房、一九九九年
15 田中卓志（ゲスト）、三四郎『三四郎のオールナイトニッポン』ニッポン放送、二〇一九年一〇月一一日放送（ラジオ）
16 毒蝮三太夫『毒蝮流！　ことばで介護』講談社＋α新書、二〇一四年
17 若林正恭「東京の子。オードリー若林さんからみた「東京」　05　東京の好きなところ。」ほぼ日刊イトイ新聞（https://www.1101.com/tokyo/wakabayashi/2017-07-24.html）、二〇一七年
18 若林正恭「東京の子。オードリー若林さんからみた「東京」　06　この街で生きていかなければ。」ほぼ日刊イトイ新聞（https://www.1101.com/tokyo/wakabayashi/2017-07-25.html）、二〇一七年

【第二章】

19 James Beattie, "An Essay On Laughter and Ludicrous Composition," in: *The Works of James Beattie: Essays*, Hopkins and Earle, 1809
20 サミュエル・バトラー『ヒューディブラス』バトラー研究会訳、松籟社、二〇一八年
21 ジョン・ロック『人間知性論（一）』大槻春彦訳、岩波文庫、一九七二年。訳語の変更などの改訳を行った。John Locke, *The Works of John Locke, in Nine Volumes, Vol. 1*, Rivington, 1824.
22 Francis Hutcheson, "Reflections Upon Laughter," in: *Francis Hutcheson: An Inquiry Concerning Beauty, Order, Harmony, Design*, Springer, 1973
23 佐々木健一監修、佐藤信夫・佐々木健一・松尾大執筆『レトリック事典』大修館書店、二〇〇六年

24　ウィリアム・シェイクスピア『ヘンリー四世　全二部』松岡和子訳、ちくま文庫、二〇一三年
25　有吉弘行、品川祐（ともにゲスト）、雨上がり決死隊『水曜ＪＵＮＫ　雨上がり決死隊べしゃりブリンッ！』ＴＢＳラジオ、二〇〇九年四月一五日放送（ラジオ）
26　「品川祐　嫌われた原因を激白　スタッフに対する「態度が悪かった」」リアルライブ、二〇一四年一〇月一日（https://npn.co.jp/article/detail/94103582/）
27　コロッケ『マネる技術』講談社＋α新書、二〇一四年
28　野村萬斎、コロッケ他『MANSAI解体新書　その拾「観察」～「物学（ものまね）」というリアリズム～』Sony Music Direct、二〇〇七年（ＤＶＤ）
29　ジョルジョ・アガンベン『スタンツェ　西洋文化における言葉とイメージ』岡田温司訳、ちくま学芸文庫、二〇〇八年
30　松本人志他『IPPONグランプリ19』よしもとミュージックエンタテインメント、二〇一九年（ＤＶＤ）
31　ナイツ他『THE MANZAI 2011～年間最強漫才師決定トーナメント！～』フジテレビ、ＦＯＤ、二〇二〇年（配信）
32　Zeebra『ジブラの日本語ラップメソッド』文響社、二〇一八年
33　イマヌエル・カント「判断力批判」（『世界の大思想11　カント〈下〉』坂田徳男他訳、河出書房新社、一九六九年）
34　イマヌエル・カント『カント全集8　判断力批判　上』牧野英二訳、岩波書店、一九九九年
35　『R-1ぐらんぷり2018』関西テレビ、二〇一八年三月六日放送（テレビ）
36　アンドレ・ブルトン「シュルレアリスム宣言」（『シュルレアリスム宣言・溶ける魚』巖谷國士訳、岩波文庫、一九九二年）
37　マシュー・ゲール『ダダとシュルレアリスム』巖谷國士・塚原史訳、岩波書店、二〇〇〇年
38　ジークムント・フロイト「機知――その無意識との関係――」（『フロイト著作集4』懸田克躬他訳、人文書院、一

九七〇年）
39 島田紳助、松本人志『哲学』幻冬舎、二〇〇二年
40 松本人志、高須光聖『放送室2』よしもとアール・アンド・シー、二〇〇八年（CD）
41 濵田雅功『がんさく』幻冬舎よしもと文庫、二〇〇九年
42 ナイツ『ナイツ爆笑漫才スーパーベスト』ドリーミュージック、二〇一五年（CD）
43 スラヴォイ・ジジェク『イデオロギーの崇高な対象』鈴木晶訳、河出書房新社、二〇〇一年
44 伊集院光『JUNK 伊集院光　深夜の馬鹿力』TBSラジオ、二〇一四年一〇月二七日放送（ラジオ）

【第三章】

45 イマヌエル・カント「実用的見地における人間学」（『カント全集15　人間学』渋谷治美他訳、岩波書店、二〇〇三年）
46 Max Eastman, *The Sense of Humor*, Charles Scribner's Sons, 1922
47 Max Eastman, *Enjoyment of Laughter*, Simon and Schuster, 1936
48 チャールズ・チャップリン『チャップリン自伝　下』中野好夫訳、新潮文庫、一九九二年
49 矢野峰人『英文学の特性』松柏社、一九五六年
50 ジョン・ボイントン・プリーストリー『英国のユーモア』小池滋・君島邦守訳、秀文インターナショナル、一九七八年
51 フランシス・ベーコン『ベーコン随想集』渡辺義雄訳、岩波書店、一九八三年
52 Dominique Enright (ed.), *The Wicked Wit of Winston Churchill*, Michael O'Mara Books Limited, 2001
53 宮田光雄『キリスト教と笑い』岩波新書、一九九二年
54 ヴィクトール・E・フランクル『夜と霧　新版』池田香代子訳、みすず書房、二〇〇二年
55 山川偉也『哲学者ディオゲネス　世界市民の原像』講談社学術文庫、二〇〇八年

56 ミシェル・フーコー『ミシェル・フーコー講義集成XIII 真理の勇気──コレージュ・ド・フランス講義1983–1984年度』慎改康之訳、筑摩書房、二〇一二年
57 ジル・ドゥルーズ『シネマ2＊時間イメージ』宇野邦一他訳、法政大学出版局、二〇〇六年
58 ジークムント・フロイト「ユーモア」（『フロイト著作集3』高橋義孝他訳、人文書院、一九六九年）
59 夏目漱石『文学評論（上）』岩波文庫、一九八五年
60 セーレン・キルケゴール「おそれとおののき」（『キルケゴール著作集5』桝田啓三郎他訳、白水社、一九六二年）
61 バカリズム（ゲスト）、オードリー『オードリーのオールナイトニッポン』ニッポン放送、二〇一八年一二月二二日放送（ラジオ）
62 オードリー『オードリーのオールナイトニッポン10周年全国ツアーin日本武道館』ニッポン放送、二〇一九年（DVD）
63 松本人志『松本坊主』幻冬舎よしもと文庫、二〇〇九年
64 ダウンタウン他『THE VERY[3] BEST OF ダウンタウンのごっつええ感じ3』よしもとミュージックエンタテイメント、二〇〇三年（DVD）
65 スラヴォイ・ジジェク『ラカンはこう読め！』鈴木晶訳、紀伊國屋書店、二〇〇八年
66 NHK「プロフェッショナル」制作班監修『松本人志　仕事の流儀』ヨシモトブックス、二〇一一年
67 織田正吉『笑いとユーモア』ちくま文庫、一九八六年
68 マーシャル・マクルーハン、クエンティン・フィオーレ『メディアはマッサージである　影響の目録』門林岳史訳、河出文庫、二〇一五年
69 島袋道浩『人間性回復のチャンス』(http://www.shimabuku.net/work3.html)
70 Chim↑Pom『芸術実行犯』朝日出版社、二〇一二年
71 カレ・ラースン『さよなら、消費社会　カルチャー・ジャマーの挑戦』加藤あきら訳、大月書店、二〇〇六年

72 マシュー・ホジャート『諷刺の芸術』山田恒人訳、平凡社、一九七〇年
73 『美術手帖』二〇一二年三月号、美術出版社、二〇一二年
74 ヨシタケシンスケ『このあと どうしちゃおう』ブロンズ新社、二〇一六年
75 ジル・ドゥルーズ『ザッヘル＝マゾッホ紹介 冷淡なものと残酷なもの』堀千晶訳、河出文庫、二〇一八年
76 ヴィクトール・E・フランクル『それでも人生にイエスと言う』山田邦男・松田美佳訳、春秋社、一九九三年
77 浦河べてるの家『べてるの家の「非」援助論 そのままでいいと思えるための25章』医学書院、二〇〇二年
78 横川和夫『降りていく生き方 「べてるの家」が歩む、もうひとつの道』太郎次郎社、二〇〇三年
79 斉藤道雄『悩む力 べてるの家の人びと』みすず書房、二〇〇二年
80 ヴィクトール・E・フランクル『死と愛 実存分析入門』霜山徳爾訳、みすず書房、一九五七年
81 向谷地生良『技法以前 べてるの家のつくりかた』医学書院、二〇〇九年
82 TAMAYO『コメディ＋LOVE♡ TAMAYO的差別の乗り越え方』解放出版社、一九九四年
83 向谷地生良、浦河べてるの家『安心して絶望できる人生』NHK出版、二〇〇六年
84 雨宮処凛編著『この国の不寛容の果てに 相模原事件と私たちの時代』大月書店、二〇一九年

参考文献（参照順）

ヘンリー・ビアード、クリストファー・サーフ『当世アメリカ・タブー語事典 多文化アメリカと付き合うための英語ユーモア・ブック。』馬場恭子訳、文藝春秋、一九九三年
魔夜峰央『翔んで埼玉』宝島社、二〇一五年
伊藤潤二『うずまき1』小学館、一九九八年
増田こうすけ『増田こうすけ劇場 ギャグマンガ日和 巻の13』集英社、二〇一二年
Joseph Addison, *The Works of Joseph Addison: The Spectator, Vol. I*, Harper & Brothers, 1837

Germano Celant, *Claes Oldenburg: An Anthology*, Solomon R Guggenheim Museum, 1995
バカリズム『都道府県の持ちかた』ポプラ文庫、二〇一二年
乙武洋匡『五体不満足　完全版』、講談社文庫、二〇〇一年
萩原朔太郎『宿命』未來社、二〇一三年
エルンスト・カッシーラー『英国のプラトン・ルネサンス　ケンブリッジ学派の思想潮流』花田圭介監修、三井礼子訳、工作舎、一九九三年

参考資料（参照順）

SOUTH PARK STUDIOS（HP: https://southpark.cc.com）
綾小路きみまろ『綾小路きみまろ　爆笑！　エキサイトライブビデオ第4集』テイチクエンタテインメント、二〇一一年（ＤＶＤ）
松本人志『HITOSI MATUMOTO VISUALBUM〝完成〟』よしもとミュージックエンタテインメント、二〇〇三年（ＤＶＤ）
コント55号『コント55号のなんでそうなるの？』バップ、二〇〇五年（ＤＶＤ）
「矢口真里カップヌードル新ＣＭ問題でイベント囲み取材中止」東スポWeb、二〇一六年四月一一日（https://www.tokyo-sports.co.jp/entame/enka/529207/）

木村　覚（きむら・さとる）

一九七一年生まれ。上智大学文学部哲学科卒業。東京大学大学院人文社会系研究科博士課程修了。博士（文学）。専門は美学、ダンス研究。現在、日本女子大学教授。

著書に、『未来のダンスを開発する――フィジカル・アート・セオリー入門』（メディア総合研究所）、『大野一雄・舞踏と生命――大野一雄国際シンポジウム2007』（共著、思潮社）、『スポーツ／アート』（共著、森話社）がある。一五年以上日本のコンテンポラリーダンス・舞踏を中心としたパフォーマンス批評を行ってきた。二〇一四年より「ダンスを作るためのプラットフォーム」BONUSを始動。振付家、劇作家、美術家などのアーティストたちとフレッシュなダンスの発明に取り組んでいる（www.bonus.dance）。筆者にとって、本書が初の笑いをめぐる著書となる。

©日本音楽著作権協会（出）許諾第2004367-001号

笑《わら》いの哲《てつ》学《がく》

二〇二〇年　七月　八日　第一刷発行
二〇二四年　二月　五日　第三刷発行

著者　木《き》村《むら》　覚《さとる》

©Satoru Kimura 2020

発行者　森田浩章
発行所　株式会社　講談社
東京都文京区音羽二丁目一二―二一　〒一一二―八〇〇一
電話（編集）〇三―五三九五―三五一二
（販売）〇三―五三九五―五八一七
（業務）〇三―五三九五―三六一五

KODANSHA

装幀者　奥定泰之
本文データ制作　講談社デジタル製作
本文印刷　株式会社　新藤慶昌堂
カバー・表紙印刷　半七写真印刷工業　株式会社
製本所　大口製本印刷　株式会社

定価はカバーに表示してあります。
落丁本・乱丁本は購入書店名を明記のうえ、小社業務あてにお送りください。送料小社負担にてお取り替えいたします。なお、この本についてのお問い合わせは、「選書メチエ」あてにお願いいたします。
本書のコピー、スキャン、デジタル化等の無断複製は著作権法上での例外を除き禁じられています。本書を代行業者等の第三者に依頼してスキャンやデジタル化することはたとえ個人や家庭内の利用でも著作権法違反です。Ⓡ〈日本複製権センター委託出版物〉
ISBN978-4-06-520293-7　Printed in Japan　N.D.C.110　246p　19cm

講談社選書メチエの再出発に際して

講談社選書メチエの創刊は冷戦終結後まもない一九九四年のことである。長く続いた東西対立の終わりはついに世界に平和をもたらすかに思われたが、その期待はすぐに裏切られた。超大国による新たな戦争、吹き荒れる民族主義の嵐……世界は向かうべき道を見失った。そのような時代の中で、書物のもたらす知識が一人一人の指針となることを願って、本選書は刊行された。

それから二五年、世界はさらに大きく変わった。特に知識をめぐる環境は世界史的な変化をこうむったとすら言える。インターネットによる情報化革命は、知識の徹底的な民主化を推し進めた。誰もがどこでも自由に知識を入手でき、自由に知識を発信できる。それは、冷戦終結後に抱いた期待を裏切られた私たちのもとに差した一条の光明でもあった。

その光明は今も消え去ってはいない。しかし、私たちは同時に、知識の民主化が知識の失墜をも生み出すという逆説を生きている。堅く揺るぎない知識も消費されるだけの不確かな情報に埋もれることを余儀なくされ、不確かな情報が人々の憎悪をかき立てる時代が今、訪れている。

この不確かな時代、不確かさが憎悪を生み出す時代にあって必要なのは、一人一人が堅く揺るぎない知識を得、生きていくための道標を得ることである。

フランス語の「メチエ」という言葉は、人が生きていくために必要とする職、経験によって身につけられる技術を意味する。選書メチエは、読者が磨き上げられた経験のもとに紡ぎ出される思索に触れ、生きるための技術と知識を手に入れる機会を提供することを目指している。万人にそのような機会が提供されたとき初めて、知識は真に民主化され、憎悪を乗り越える平和への道が拓けると私たちは固く信ずる。

この宣言をもって、講談社選書メチエ再出発の辞とするものである。

二〇一九年二月　　野間省伸

講談社選書メチエ　世界史

MÉTIER

英国ユダヤ人　佐藤唯行
オスマンvs.ヨーロッパ　新井政美
ポル・ポト〈革命〉史　山田　寛
世界のなかの日清韓関係史　岡本隆司
アーリア人　青木　健
ハプスブルクとオスマン帝国　河野　淳
「三国志」の政治と思想　渡邉義浩
海洋帝国興隆史　玉木俊明
軍人皇帝のローマ　井上文則
世界史の図式　岩崎育夫
ロシアあるいは対立の亡霊　乗松亨平
都市の起源　小泉龍人
英語の帝国　平田雅博
アメリカ　異形の制度空間　西谷　修
ジャズ・アンバサダーズ　齋藤嘉臣
モンゴル帝国誕生　白石典之
〈海賊〉の大英帝国　薩摩真介

フランス史　ギヨーム・ド・ベルティエ・ド・ソヴィニー　鹿島　茂監訳／楠瀬正浩訳
地中海の十字路＝シチリアの歴史　藤澤房俊
月下の犯罪　サーシャ・バッチャーニ　伊東信宏訳
シルクロード世界史　森安孝夫
黄禍論　廣部　泉
イスラエルの起源　鶴見太郎
近代アジアの啓蒙思想家　岩崎育夫
銭躍る東シナ海　大田由紀夫
スパルタを夢見た第三帝国　曽田長人
メランコリーの文化史　谷川多佳子
アトランティス＝ムーの系譜学　庄子大亮
中国パンダ外交史　家永真幸
越境の中国史　菊池秀明
中華を生んだ遊牧民　松下憲一
戦国日本を見た中国人　上田　信

最新情報は公式twitter　→@kodansha_g
公式facebook　→https://www.facebook.com/ksmetier/
公式ウェブサイト→https://gendai.media/gakujutsu/

MÉTIER

講談社選書メチエ　哲学・思想Ⅱ

MÉTIER

近代性の構造　今村仁司
身体の零度　三浦雅士
近代日本の陽明学　小島　毅
経済倫理＝あなたは、なに主義？　橋本　努
パロール・ドネ　C・レヴィ＝ストロース　中沢新一訳
ブルデュー　闘う知識人　加藤晴久
熊楠の星の時間　中沢新一
絶滅の地球誌　澤野雅樹
共同体のかたち　菅　香子
三つの革命　佐藤嘉幸・廣瀬　純
なぜ世界は存在しないのか　マルクス・ガブリエル　清水一浩訳
「東洋」哲学の根本問題　斎藤慶典
言葉の魂の哲学　古田徹也
実在とは何か　ジョルジョ・アガンベン　上村忠男訳
創造の星　渡辺哲夫
いつもそばには本があった。　國分功一郎・互　盛央
創造と狂気の歴史　松本卓也
「私」は脳ではない　マルクス・ガブリエル　姫田多佳子訳
AI時代の労働の哲学　稲葉振一郎
西田幾多郎の哲学＝絶対無の場所とは何か　中村　昇
名前の哲学　村岡晋一
「心の哲学」批判序説　佐藤義之
贈与の系譜学　湯浅博雄
「人間以後」の哲学　篠原雅武
ドゥルーズとガタリの『哲学とは何か』を精読する　近藤和敬
自由意志の向こう側　木島泰三
自然の哲学史　米虫正巳
夢と虹の存在論　松田　毅
クリティック再建のために　木庭　顕
AI時代の資本主義の哲学　稲葉振一郎
ウィトゲンシュタインと言語の限界　ピエール・アド　合田正人訳
ときは、ながれない　八木沢　敬
非有機的生　宇野邦一
恋愛の授業　丘沢静也

最新情報は公式twitter　→@kodansha_g
公式facebook　→https://www.facebook.com/ksmetier/
公式ウェブサイト→https://gendai.media/gakujutsu/

講談社選書メチエ　社会・人間科学

MÉTIER

日本語に主語はいらない　金谷武洋
テクノリテラシーとは何か　齊藤了文
どのような教育が「よい」教育か　苫野一徳
感情の政治学　吉田　徹
マーケット・デザイン　川越敏司
「社会《コンヴィヴィアリテ》」のない国、日本　菊谷和宏
権力の空間／空間の権力　山本理顕
地図入門　今尾恵介
国際紛争を読み解く五つの視座　篠田英朗
易、風水、暦、養生、処世　水野杏紀
丸山眞男の敗北　伊東祐吏
新・中華街　山下清海
ノーベル経済学賞　根井雅弘編著
日本論　石川九楊
丸山眞男の憂鬱　橋爪大三郎
危機の政治学　牧野雅彦
主権の二千年史　正村俊之

機械カニバリズム　久保明教
暗号通貨の経済学　小島寛之
電鉄は聖地をめざす　鈴木勇一郎
日本語の焦点　日本語「標準形《スタンダード》」の歴史　野村剛史
ワイン法　蛯原健介
MMT　井上智洋
快楽としての動物保護　信岡朝子
手の倫理　伊藤亜紗
現代民主主義　思想と歴史　権左武志
やさしくない国ニッポンの政治経済学　田中世紀
物価とは何か　渡辺　努
SNS天皇論　茂木謙之介
英語の階級　新井潤美
目に見えない戦争　イヴォンヌ・ホフシュテッター　渡辺　玲訳
英語教育論争史　江利川春雄
人口の経済学　野原慎司

講談社選書メチエ　宗教

MÉTIER

宗教からよむ「アメリカ」　森　孝一
ヒンドゥー教　山下博司
グノーシス　筒井賢治
ゾロアスター教　青木　健
『正法眼蔵』を読む　南　直哉
ヨーガの思想　山下博司
宗教で読む戦国時代　神田千里
吉田神道の四百年　井上智勝
知の教科書　カバラー　ピンカス・ギラー　中村圭志訳
フリーメイスン　竹下節子
異端カタリ派の歴史　ミシェル・ロクベール　武藤剛史訳
聖書入門　フィリップ・セリエ　支倉崇晴・支倉寿子訳
氏神さまと鎮守さま　新谷尚紀
七十人訳ギリシア語聖書入門　秦　剛平
オカルティズム　大野英士
維摩経の世界　白石凌海
山に立つ神と仏　松﨑照明

逆襲する宗教　小川　忠

最新情報は公式twitter　→@kodansha_g
公式facebook　→https://www.facebook.com/ksmetier/
公式ウェブサイト→https://gendai.media/gakujutsu/

講談社選書メチエ　心理・科学

MÉTIER

「私」とは何か　浜田寿美男
記号創発ロボティクス　谷口忠大
知の教科書 フランクル　諸富祥彦
来たるべき内部観測　松野孝一郎
「こつ」と「スランプ」の研究　諏訪正樹
意思決定の心理学　阿部修士
フラットランド　エドウィン・A・アボット　竹内 薫訳
母親の孤独から回復する　村上靖彦
こころは内臓である　計見一雄
AI原論　西垣 通
魅せる自分のつくりかた　安田雅弘
「生命多元性原理」入門　太田邦史
なぜ私は一続きの私であるのか　兼本浩祐
養生の智慧と気の思想　謝心範
記憶術全史　桑木野幸司
天然知能　郡司ペギオ幸夫
事故の哲学　齊藤了文

アンコール　ジャック・ラカン　藤田博史・片山文保訳
インフラグラム　港 千尋
ヒト、犬に会う　島 泰三
発達障害の内側から見た世界　兼本浩祐
実力発揮メソッド　外山美樹
とうがらしの世界　松島憲一
南極ダイアリー　水口博也
ポジティブ心理学　小林正弥
地図づくりの現在形　宇根 寛
第三の精神医学　濱田秀伯
機械式時計大全　山田五郎
心はこうして創られる　ニック・チェイター　高橋達二・長谷川 珈訳
人間非機械論　西田洋平
〈精神病〉の発明　渡辺哲夫

講談社選書メチエ　文学・芸術

MÉTIER

アメリカ音楽史　大和田俊之
ピアニストのノート　V・アファナシエフ　大野英士訳
見えない世界の物語　大澤千恵子
パンの世界　志賀勝栄
小津安二郎の喜び　前田英樹
ニッポン エロ・グロ・ナンセンス　毛利眞人
天皇と和歌　鈴木健一
物語論 基礎と応用　橋本陽介
乱歩と正史　内田隆三
凱旋門と活人画の風俗史　京谷啓徳
歌麿『画本虫撰』『百千鳥狂歌合』『潮干のつと』　菊池庸介編
小論文 書き方と考え方　大堀精一
胃弱・癇癪・夏目漱石　山崎光夫
十八世紀京都画壇　辻　惟雄
小林秀雄の悲哀　橋爪大三郎
万年筆バイブル　伊東道風
哲学者マクルーハン　中澤　豊

超高層のバベル　見田宗介
詩としての哲学　冨田恭彦
ストリートの美術　大山エンリコイサム
笑いの哲学　木村　覚
大仏師運慶　塩澤寛樹
『論語』　渡邉義浩
西洋音楽の正体　伊藤友計
日本近現代建築の歴史　日埜直彦
Savoir&Faire 木　エルメス財団 編
〈芸道〉の生成　大橋良介
サン＝テグジュペリの世界　武藤剛史
演奏家が語る音楽の哲学　大嶋義実
現代メディア哲学　山口裕之
失格でもいいじゃないの　千葉一幹
異国の夢二　ひろたまさき

最新情報は公式twitter　→@kodansha_g
公式facebook　→https://www.facebook.com/ksmetier/
公式ウェブサイト→https://gendai.media/gakujutsu/